Grebennikov
Verlag

explorise Ferienstraßen

Herausgeber Alexander Grebennikov
Verlagsleitung Natalia Mavricheva
Projektleitung Yury Kolesnichenko
Redaktion Susanne Gierds
Texte & Recherche Dr. Elena Matheis
Stillektorat Friedrich Reip
Korrektorat Barbara Lück
Fotografie Arkady Grebennikov, Daria Malysheva
Design Henriette Damsa, Ricardo Quintas
Layout, Satz Monica Freise
Druck & Verarbeitung Bosch-Druck GmbH

www.grebennikov.de
www.explorise.de

ISBN 978-3-941784-32-1
1. Auflage Berlin 2013

Explorise Ferienstraßen • Band 8

Grebennikov
Verlag

Die Straße der Romanik

Eine Reise ins Mittelalter

Dr. Elena Matheis

Berlin • Moskau

Inhaltsverzeichnis

Reisen und Bildung

Die „Straße der Romanik" verläuft als Ferienstraße durch das deutsche Bundesland Sachsen-Anhalt.
Sie ist wesentlicher Teil der europäischen Kulturstraße „Transromanika", zu der außerdem Stationen in Italien, Österreich, Frankreich, Portugal, Serbien und Slowenien zählen.
Die Idee zu einer Tourismusroute mit dem Schwerpunkt Romanik in Sachsen-Anhalt entstand 1991.
Eine Gruppe von Experten verschiedener Fachgebiete wählte zunächst 72 historische Objekte in sechzig Ortschaften aus und erstellte den Verlauf der „Straße der Romanik". Es ergaben sich eine Nord- und eine Südschleife in Form einer Acht mit dem Schnittpunkt in Magdeburg. Alle Objekte wurden durch ein spezielles Kennzeichen als Stationen der „Straße der Romanik" ausgewiesen. Offiziell eröffnet wurde die „Straße der Romanik" in Magdeburg durch den damaligen Bundespräsidenten Richard von Weizsäcker im Jahr 1993.
Heute beträgt die Gesamtlänge der Strecke rund 1.200 km, an ihr liegen in 65 historischen Orten insgesamt achtzig romanische Sehenswürdigkeiten.
Die Region bildet das Kernland der deutschen Geschichte des Mittelalters: In Magdeburg residierte Otto der Große, in Halberstadt befindet sich mit dem Domschatz eine der größten Sammlungen mittelalterlicher kirchlicher Kunst, und in Naumburg steht im Westchor des Domes die bezaubernde Figur von Uta von Ballenstedt, die als die schönste Frau des Mittelalters gilt.
Das kunsthistorische Interesse an der Romanik entwickelte sich in Deutschland in der zweiten Hälfte des 19. Jahrhunderts. Die Bezeichnung „Romanik" wird seitdem als Epochen- und als Stilbegriff verwendet.
Sie bezeichnet die erste sich über das gesamte

römisch-christliche Europa erstreckende Kultur und Kunst des frühen und hohen Mittelalters (Ende 8. bis 13. Jahrhundert). Dazu gehört auch die karolingische Kunst zur Zeit Karls des Großen im 8. und 9. Jahrhundert sowie die ottonische Kunst unter Kaiser Otto I. und seinen Nachfolgern im 10. Jahrhundert. Neben Gotik, Renaissance und Barock zählt die Romanik zu den vier großen europäischen Kulturepochen.
Auf der „Straße der Romanik" lassen sich sowohl ein kurzes Wochenende als auch eine intensive persönliche Forschungsreise verwirklichen. Jährlich besuchen etwa eine Million Menschen Einrichtungen dieser Ferienstraße. Auch links und rechts der „Straße der Romanik" finden sich kleine und große Kulturschätze aus längst vergangener Zeit, deren Erkundung lohnt. In diesem Sinne: Fahren wir los!

Dr. Elena Matheis

Als eine von achtzig Stationen der „Straße der Romanik" ausgewiesen: die Stiftskirche in Gernrode

Nordroute
Eine beschauliche Reise

Wer zum ersten Mal die Region nördlich von Magdeburg bereist, wird überrascht sein. Zum einen sind hier die Sommerabende oft lauer als zu gleicher Zeit im Süden Deutschlands, zum anderen warten unzählige Abenteuer auf den Besucher: Mal führt der Reiseweg über eine 500 Jahre alte gepflasterte Dorfstraße unter blühenden Linden; mal finden sich in einer romanischen Kirche Reliefs, die solchen aus dem Elsass oder aus Lothringen ähneln; mal öffnen sich herrliche Aussichten auf die Elbe, die Havel oder einen See.
Das Leben hier fließt langsamer und gelassener als anderswo in Deutschland. Viele der der hier lebenden Menschen haben es sich zum Ziel gesetzt, ihre Wohnorte zu modernisieren, zu verschönern und die Kirchen der Ortschaften denkmalgerecht zu sanieren.
Es wird fleißig studiert, geforscht und gearbeitet.
Es wird gepflügt, gesät, geerntet, gebacken, gebaut, gelehrt und Strom produziert, im Chor gesungen und getanzt. Gäste sind gern gesehen und werden freundlich empfangen.
Einzelne Stationen der Straße der Romanik präsentieren sich in regionalen Zentren wie Magdeburg, Jerichow, Arendsee oder Havelberg. Es ist durchaus möglich, spontan per Telefon oder Internet eine Unterkunft zu finden. Doch zahlreiche interessante romanische Bauwerke befinden sich auch in entlegenen Dörfern und Kleinstädten.
Stellen Sie eine konkrete Anfrage an die Touristeninformation Magdeburg, Salzwedel oder Burg, und lassen Sie sich kostenlose und unverbindliche Angebote zur gewünschten Reise zukommen!

Wer Entspannung sucht, findet sie entlang der Straße der Romanik; hier am Altmarkrundkurs in Havelberg.

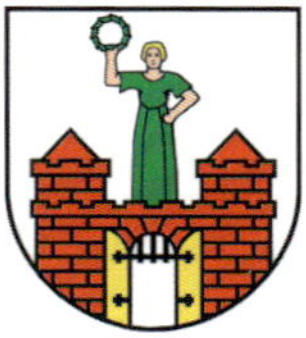

Magdeburg
Eine Stadt als Geschenk

Der Ausgangspunkt sowie die Verbindung zwischen der Nord- und Südroute der Straße der Romanik ist Magdeburg, die Landeshauptstadt Sachsen-Anhalts. Magdeburg liegt an der mittleren Elbe, und vom historischen Stadtkern am hohen linken Elbufer aus eröffnen sich dem Betrachter eindrucksvolle Aussichten. Schon im Jahre 805, zur Zeit Karls des Großen, existierten an dieser Stelle, an der Furt über die Elbe, eine Burg und ein Marktplatz.

Der Dom prägt das Stadtbild von Magdeburg.

Viele einheimische Magdeburger bezeichnen jedoch das Jahr 929 als Gründungsjahr der Stadt. Damals heiratete der 17-jährige Otto I., der zukünftige deutsche Kaiser, die englische Prinzessin Edith und schenkte seiner Gemahlin Magdeburg als Morgengabe nach der Hochzeitsnacht. Später ließ Otto I. hier eine Pfalz errichten, die dem Königshof Karls des Großen in Aachen in nichts nachstand. Von der Größe dieser Anlage zeugen die von Archäologen freigelegten Grundmauern nördlich des Magdeburger Domes.
Da nur sehr wenige Profanbauten wie Königshöfe, Markthallen, Wirtschaftsgebäude, Bauern- oder Handwerkerhäuser aus dem Mittelalter erhalten geblieben sind, sind die meisten historischen Gebäude an der Straße der Romanik Sakralbauten, also Kirchen. Magdeburg bietet gleich mehrere Sehenswürdigkeiten aus dieser Zeit.

Rund um die Romanik

Magdeburger Dom

Der Dom St. Mauritius und St. Katharina ist einer der imposantesten Bauten und Wahrzeichen der Stadt Magdeburg. Der Dom weist typische Merkmale der Romanik auf, zum Beispiel die burgähnliche Außengestaltung und die Größe (Raumlänge: ca. 120 m, Deckenhöhe: 32 m, Turmhöhe: ca. 101 m, Mauerstärke: bis zu 3 m), die im Mittelalter die Macht und Stärke Gottes und des Christentums symbolisieren sollten.
Im Jahre 937 gründete Kaiser Otto I. am heutigen Domplatz eines der Benediktinerklöster: das Mauritiuskloster, auch Moritzkloster genannt. Schon 18 Jahre später ließ er die Klosterkirche zu einer Kathedrale erweitern. Der Ausbau dauerte Jahrzehnte, doch vor Fertigstellung starb Otto I. im Jahre 973 in Memleben und fand im Dom seine letzte Ruhestätte – genau wie auch seine erste Gemahlin Edith, die bereits 946 dort bestattet worden war.

Der Westbau des Magdeburger Domes

Bevor ein Feuer am 20. April 1207 den Dombau fast vollständig zerstörte, war er vermutlich eine dreischiffige, kreuzförmige Basilika mit einer Krypta im Osten und einer großen Vorhalle im Westen. Erzbischof Albrecht II. von Käfernburg veranlasste 1209, die zerstörten Teile des Domes abzutragen. Er träumte davon, den ersten deutschen gotischen Bau gänzlich nach dem Vorbild der französischen Kathedralen zu errichten. Die zeittypischen Rundbögen sollten durch Spitzbögen ersetzt werden. Am Bau waren unter anderem Bauleute aus dem Rheinland beteiligt. Als zweite Schutzheilige neben dem heiligen Mauritius wurde die heilige Katharina von Alexandria gewählt: Sie galt als Symbol der Klugheit und als Beschützerin der Theologen, Lehrer und Studierenden. 1232 starb Albrecht II. von Käfernburg. Sein Nachfolger setzte den Wiederaufbau fort, versuchte jedoch, neben neuen auch alte Bauelemente zu verwenden: Die Reste des Vorgängerbaus (etwa Mauersteine) und die antiken römischen Säulen aus Marmor, Granit und Porphyr wurden an deutlich sichtbaren Stellen eingefügt. Diese wertvollen Säulen hatte der erste deutsche Kaiser Otto der Große aus Italien (vermutlich aus Ravenna) importieren und als Stützen der von ihm gegründeten Kirche verwenden lassen.

Grundriss des Magdeburger Domes

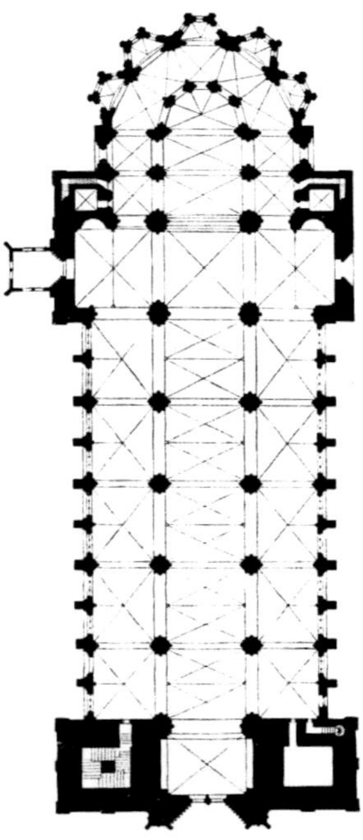

Um 1240 wurde der Chor fertiggestellt. Der Bau des dreischiffigen Langhauses und des Querschiffs dauerte noch über 120 Jahre, bevor der Dom 1363 geweiht werden konnte.

Immer wieder wurden die äußere Gestalt des Domes und sein Inneres durch Erweiterungen, Umbauten nach den Kriegen sowie durch die Anpassung an den gerade herrschenden Zeitgeschmack verändert und restauriert. Doch sind gleichzeitig zahlreiche Kunstobjekte früherer Epochen erhalten geblieben, unter diesen das antike Taufbecken aus Rosenporphyr, die Bronze- und Marmorgrabplatten des 12. und 13. Jahrhunderts und die Renaissancekanzel aus Alabaster. Auch kam ein bedeutendes Meisterwerk des 20. Jahrhunderts hinzu: das Mahnmal für die Opfer des Ersten Weltkriegs von Ernst Barlach. Seit 1567 ist der Dom evangelisch.

Am Dom 1, D-39104 Magdeburg; Tel. +49 (0)391 5432414; Mai bis Sept.: tägl. 10-18 Uhr, April und Okt.: tägl. 10-17 Uhr, Nov. bis März: tägl. 10-16 Uhr; Führungen: Di-Sa: 14 Uhr; www.magdeburgerdom.de

Der Magdeburger Dom birgt viele Kunstobjekte, darunter die Figuren der klugen und törichten Frauen aus dem 13. Jh.

Kunstmuseum Kloster Unser Lieben Frauen

Das Kunstmuseum Kloster Unser Lieben Frauen befindet sich nur wenige Gehminuten vom Dom St. Mauritius und St. Katharina entfernt. Der Gebäudekomplex stellt ein in Deutschland seltenes Beispiel einer gut erhaltenen Klosteranlage aus dem 12. Jahrhundert dar und ist das älteste erhaltene Bauwerk Magdeburgs. Einzelne Teile der Klosterkirche stammen aus dem 11. Jahrhundert. Vermutlich gründete Erzbischof Gero zwischen 1012 und 1023 an dieser Stelle ein der Gottesmutter Maria, „Unser Lieben Frauen", geweihtes Kollegialstift, als er nach einer gefährlichen militärischen Auseinandersetzung mit Herzog Boleslav I. von Polen am Leben geblieben war. Urkundlich belegt ist der Bau der Stiftskirche St. Marien durch Erzbischof Werner um 1065. Möglicherweise bestand die erste Klosterkirche aus Holz und wurde ab 1065 durch eine steinerne ersetzt. Erzbischof Norbert von Xanten gliederte das Stift 1129 dem Orden der Prämonstratenser an. Dadurch wurde es zum Zentrum der christlichen Missionierung slawischer Stämme im Osten und Norden von Magdeburg.

Das Kunstmuseum Kloster Unser Lieben Frauen

Bekannt ist, dass an das dreischiffige Langhaus der Klosterkirche 1129 bis 1160 ein Westbau angeschlossen wurde, bestehend aus einem hohen quaderförmigen Turmhaus mit zwei Rundtürmen an den Flanken. Im Osten befand sich unter dem Chor und der Vierung eine dreischiffige Krypta. Dieses dreiteilige Grundrissschema – Ostbau (Chor), Langhaus und Westbau – wurde beim Errichten zahlreicher anderer romanischer Kirchen im Umland von Magdeburg übernommen.
1220 bis 1240 erhielt die steinerne Klosterkirche Unser Lieben Frauen ein gotisches Kreuzrippengewölbe.
Nördlich der Klosterkirche liegen Kreuzgang, Brunnenhaus und Reflektorium, ein in drei Geschossen tonnengewölbter Bau.
1582 wurde die Krypta für die Grabstätte des bereits heiliggesprochenen Erzbischofs Norbert von Xanten erweitert. Von dieser Grablege ist heute die marmorne beschriftete Deckplatte zu sehen. Die Gebeine des Heiligen wurden 1627 nach Prag ins Prämonstratenserkloster Strahov überführt. Nach der Reformation und dem Weggang des Ordens der Prämonstratenser um 1630 wurde in den Klosterräumen 1698 das Pädagogium, eine Gelehrtenschule, eingerichtet.
Derzeit wird die Klosteranlage für Musikveranstaltungen und als Kunstmuseum genutzt. Im Refektorium befindet sich eine Ausstellung zeitgenössischer Bildhauerkunst nach 1990.
Regierungsstraße 4-6, D-39104 Magdeburg;
Tel. +49 (0)391 5650217; Di-So: 10-17 Uhr;
www.kunstmuseum-magdeburg.de

Der Innenhof des Klosters Unser Lieben Frauen

Kirche St. Sebastian

Nordwestlich vom Dom erhebt sich in der Stadtmitte die Kirche St. Sebastian. Erzbischof Gero legte den Grundstein für das Kollegialstift St. Sebastian um 1015 und wurde nach seinem Tod 1022 im Chor der Stiftskirche beigesetzt. Der Bau wurde erst 1170 vollendet. Neben dem heiligen Sebastian war das Stift damals auch noch Johannes dem Evangelisten und dem heiligen Fabianus geweiht. Nachdem das Stift in Besitz der wundertätigen Kopfreliquie des heiligen Sebastian gekommen war, verloren die anderen Heiligen an Bedeutung. Beim Heranrücken des Heeres von Kaiser Heinrich IV. sollte die Reliquie das Erzbistum Magdeburg schützen und wurde die damalige Bistumsgrenze entlang getragen. Später fanden in Magdeburg, immer am 20. Januar, dem Tag des heiligen Sebastian, die Reliquienprozessionen vom Dom zur St.-Sebastian-Kirche statt.
Ursprünglich war die Kirche als dreischiffige flachgedeckte Basilika mit Ostchor, Langhaus, Querhaus und einem zweitürmigen Westbau aus Bruchstein errichtet worden. Das Kirchengebäude brannte 1188 und 1207 aus und konnte nicht mehr für die Kirchendienste

Die Kirche St. Sebastian vom Breiten Weg gesehen

genutzt werden. Der romanische Chor wurde in den Folgejahren abgetragen, die Kirche verlor somit ihre Weihe. Er wurde im 14. Jahrhundert durch einen neuen, geräumigeren Chor im Stil der Gotik ersetzt. Das beim Brand stark beschädigte Langhaus erhielt seine Neugestaltung im 15. Jahrhundert. Nach dem Umbau wurde die Kirche am 17. Mai 1489 wiederholt geweiht. 1550 wurden die Kanonen auf den Kirchtürmen aufgestellt, um Magdeburg während der Belagerung durch den Fürsten Moritz von Sachsen zu verteidigen.
1573 erfolgte im Zuge der Reformation die Umwandlung der Kirche in ein protestantisches Stift.
Während des Dreißigjährigen Krieges, am 10. Mai 1631, brannte die Kirche erneut nieder. In einem Verzeichnis von 1642 wurde sie als Ruine aufgeführt.
Erst 1663 wurde der Chor wiederhergestellt und eine gewölbte Holzdecke über dem Kirchenraum eingezogen. Seit 1692 fanden wieder Gottesdienste statt. Der nördlich der Kirche gelegene Kreuzgang konnte aus finanziellen Gründen nicht mehr instand gesetzt werden und verfiel. Diese Stelle diente anschließend als Friedhof.
Ab 1756 wurde St. Sebastian als Magazin genutzt. Bald darauf verschwand der Grabstein von Erzbischof Gero. 1810, während der französischen Besatzungszeit, wurde das Stift aufgelöst, und die Kirche diente den Besatzern als Feldschmiede und Werkstatt sowie als Lager für Bier, Branntwein und Salz.
Um 1845 begann die katholische Kirchengemeinde, den Chor wieder für ihre Gottesdienste zu nutzen.

Über Nacht

★★★★ Historisches Parkhotel Herrenkrug
Herrenkrug 3
D-39114 Magdeburg
Tel. +49 (0)391 85080
www.herrenkrug.de

★★★ Hotel Stadtfeld
Maxim-Gorki-Straße 31/37
D-39108 Magdeburg
Tel. +49 (0)391 506660
www.hotelstadtfeld.de

★★★★ Maritim Hotel Magdeburg
Otto-von-Guericke-Straße 87
D-39104 Magdeburg
Tel. +49 (0)391 59490
www.maritim.de

1873 erhielt sie die Kirche vollständig zurück. Kurz vor Ende des Zweiten Weltkriegs, im Januar 1945, wurde das Kirchengebäude von Bomben stark beschädigt. Bemerkenswert ist, dass es in den Nachkriegsjahren als erste Kirche Magdeburgs wiederhergestellt wurde. Noch bevor also andere Kirchenbauten der Stadt instand gesetzt warden, stand St. Sebastian sowohl der katholischen als auch der evangelischen Kirchengemeinde zur Verfügung. Um die verloren gegangenen Ausstattungsobjekte zu ersetzen, wurden in der Nachkriegszeit unter anderem Bildfenster des 14. Jahrhunderts aus Hadmersleben und ein gotischer Schnitzaltar aus Polleben hierher gebracht. Die neuen Fenster stammen von Carl Crodel. Seit 1994 dient St. Sebastian als Kathedrale des neu geschaffenen katholischen Bistums Magdeburg. Aus der romanischen Zeit (12. Jahrhundert) sind der wehrhaft anmutende Westbau und Teile des Querhauses erhalten geblieben. *Max-Josef-Metzger-Straße 1a, D-39104 Magdeburg; Tel. +49 (0)391 5961300; tägl. 10-17.30 Uhr, Führungen: nach Absprache; www.st-sebastian-magdeburg.de*

Die 2005 erbaute Eule-Orgel der Kathedrale St. Sebastian

Kirche St. Petri

Von der Elbufer-Promenade besehen bildet die Kirche St. Petri mit der benachbarten gotischen St.-Magdalenen-Kapelle und der Wallonerkirche ein eindrucksvolles Ensemble. St. Petri steht im Stadtkern von Magdeburg, in der heutigen Neustädter Straße. Im 11. Jahrhundert lag diese Stelle außerhalb der im Jahre 1022 errichteten Stadtmauer. Hier befand sich auf einer Erhebung am Ufer der Elbe das Fischerdorf Frose. Kein Zufall, dass die um 1150 gegründete Kirche dem heiligen Petrus gewidmet und die Anhöhe als Petersberg bezeichnet wurde.

Petrus hieß ursprünglich Simon aus Kafarnaum und war von Beruf Fischer. Später machte ihn Jesus zu seinem Gefolgsmann und kürte ihn mit folgenden Worten zu seinem engsten Vertrauten:„Du bist Petrus, der Fels, auf den ich meine Kirche bauen werde."

Petrus gilt als Patron der Päpste. Er wird aber auch „Wetterheiliger" genannt und von Schiffern, Fischern, Fischhändlern und Netzmachern verehrt.

Der erste Kirchenbau war ein einschiffiges Langhaus mit einer flachen Holzdecke. Östlich schlossen sich ein niedriges quaderförmiges Chorhaus und eine im Grundriss halbkreisförmige Apsis an. Im Westen wurde ein Wehrturm aus Bruchsteinquadern errichtet. Infolge des staufisch-welfischen Thronstreits im Juni 1213

Die Kirche St. Petri in Magdeburg

kam es bei Remkersleben zu einer Schlacht zwischen Kaiser Otto IV. und dem Erzbischof von Magdeburg, die Kaiser Otto IV für sich entscheiden konnte. Viele Vororte von Magdeburg wurden durch das kaiserliche Heer verwüstet, unter anderem das Dorf Frose, aber auch St. Petri. Beim Wiederaufbau umfasste die neu errichtete Stadtmauer von Magdeburg nun auch den südlichen Dorfteil Froses und St. Petri.

Um 1400 wurde die Kirche zu einer dreischiffigen Hallenkirche im gotischen Stil umgebaut. Zunächst entstand die im Grundriss polygonale fünfseitige Apsis östlich des Altbaus, dabei wurde auch die Mittelachse der Kirche nach Süden versetzt. An dem aus der Gründungszeit stammenden Westbau lässt sich diese Achsenverschiebung heute noch erkennen.

Die Apsis wurde vollständig aus quaderförmigen Sandsteinen gebaut und erhielt fünf hohe Spitzbogenfenster. Die Mauern des Chores und des Langhauses bestehen überwiegend aus Litharenit (Grauwacke), nur bei Verzierungen und Umrandungen von Maueröffnungen wie Fenstern und Eingängen wurden Sandsteine eingesetzt.

St. Petri, Innenraum mit Fenstern von Carl Crodel

Dann kamen wechselhafte Zeiten auf die Kirche zu: Um 1480 entstand vor dem Portal des südlichen Seitenschiffes ein Eingangsbereich (Vorhalle) mit gotischem Backsteingiebel. Im Zuge der Reformation wurde St. Petri evangelisch. 1546 erhielt die Kirche ihre erste Orgel, die sich ursprünglich im Kloster Berge befand.
Im Dreißigjährigen Krieg erlitt das Kirchengebäude große Schäden. 1631 brachen Teile des Kreuzrippengewölbes ein. Über fünfzig Jahre dauerte der Wiederaufbau, bevor die neue Kirchweihe 1689 stattfinden konnte. Aus der Zeit um 1685 stammt die Kanzel, 1712 erfolgte ein Umbau des Kirchendaches.
Während der französischen Besatzung 1813 schließlich wurde die Kirche als Salzmagazin genutzt.
Das während eines Luftangriffs im Zweiten Weltkrieg stark beschädigte Kirchengebäude blieb bis 1958 eine Ruine. Dann erwarb die katholische Gemeinde die Kirche. Ab 1962 wurde die Ruine enttrümmert und Schritt für Schritt wieder aufgebaut. 1970 erfolgte die neue Weihe der Kirche durch Bischof Johannes Braun. Seit 1988 verfügt St. Petri über eine Orgel der renommierten Dresdner Firma Jehmlich. Neben dem Gottesdienst werden hier Orgel- und Chorkonzerte veranstaltet, etwa die Europäische Chornacht. Seit 1999 trägt St. Petri den Titel Katholische Universitätskirche. Es ist geplant, neben St. Petri ein neues Kloster zu errichten.
Neustädter Straße 4, D-39104 Magdeburg; Tel. +49 (0)391 5435895; +49 (0)391 5434095; tägl. 10-17 Uhr; vieweg@ksg-magdeburg.de

Genuss-Tipp

Ratskeller Magdeburg
Alter Markt 6 (Rathaus)
D-39104 Magdeburg
Tel. +49 (0)391 5682323
www.ratskeller-magdeburg.de

Imbissbude Curry54
Hasselbachplatz 54
D-39104 Magdeburg
Tel. +49 (0)391 4021961
www.curry54.net

Touristeninformation

Ernst-Reuter-Allee 12
D-39104 Magdeburg
Tel. +49 (0)391 19433
www.magdeburg-tourist.de

Groß Ammensleben Spuren der wechselvollen Vergangenheit

Groß Ammensleben ist ein Ort der Einheitsgemeinde Niedere Börde im Landkreis Börde in Sachsen-Anhalt. Es liegt ca. 14 Kilometer nordwestlich von Magdeburg in der Nähe des Mittellandkanals. Der Ort wird in einer Urkunde aus dem Jahre 966 als Familiengut der Grafen von Hillersleben-Ammensleben erwähnt. In Groß Ammensleben leben gegenwärtig etwa 1.500 Menschen,

Die Klosterkirche St. Peter und Paul in Groß Ammensleben, Südseite

die größtenteils direkte Nachfahren der hier im Mittelalter ansässigen Familien sind. Über Jahrhunderte verließ kaum jemand diese Gegend, da die Schwarzerde der Magdeburger Börde die Grundlage für eine reiche Getreideernte bildet. Schließlich gibt es in Deutschland nicht sonderlich viele Gebiete mit fruchtbaren Böden wie diesem. Kluge Köpfe wissen: Essen gut, alles gut.

Rund um die Romanik

Klosterkirche St. Peter und Paul

Die Geschichte der Klosterkirche geht auf das Jahr 1110 zurück, als Theoderich II. von Ammensleben und seine Frau auf ihrem Besitz eine Kirche stifteten. 1120 entstand ein Augustinerchorherrenstift, das ab 1124 direkt Papst Honorius II. unterstand. 1127 kam die Kirche an das Bistum Magdeburg, die Vogteirechte blieben jedoch bei der Stifterfamilie. Zwei Jahre später wurde das Stift auf Veranlassung Bischof Norberts von Xanten den Benediktinern übergeben. Die ersten Benediktinermönche kamen aus dem Kloster Berge, sie waren Vertreter der Hirsauer Reformbewegung. Die Hirsauer Bauschule nahm ihren Anfang in dem Schwarzwaldkloster St. Peter und Paul in Hirsau, das sich der Benediktinerreform von Cluny anschloss. Kennzeichnend ist die Rückbesinnung auf die frühchristliche flachgedeckte Säulenbasilika ohne Krypta und die Separierung von der Vierung.

Die aus Bruchsteinen gebaute Kirche in Groß Ammensleben erhielt 1135 ihre Weihe. Das Kloster wurde zu einer Abtei erhoben. Papst Innozenz II. unterstellte es der Aufsicht des Klosters Berge, bestätigte jedoch gleichzeitig das Schutzprivileg.

Die ursprüngliche Form der Kirche bildete eine dreischiffige Pfeilerbasilika mit achtjochigem Langhaus ohne Querhaus und einer flachen Raumdecke. Die Pfeiler bekamen niedrige Basen und sparsam dekorierte Kämpfer. Im südlichen Bereich entstand um 1170

Über Nacht

★★★ Landhaus Auerbachs Mühle
An der Mühle 2
D-39326 Wolmirstedt
Tel. +49 (0)39201 55555
www.auerbachs-muehle.de

★★★ Hotel Landhof Jersleben
Dorfstraße 3
D-39326 Jersleben
Tel. +49 (0)39201 25473
www.hotel-landhof-jersleben.tvtrip.de

★★★★ Hotel NH Magdeburg
Olvenstedter Straße 2a
D-39179 Barleben OT Ebendorf
Tel. +49 (0)39203 700
www.nh-hotels.de

die Nikolauskapelle. Im Westteil des südlichen Seitenschiffs wurde ein verziertes Säulenportal eingefügt. Unter den Ziermotiven am Portal sind Palmetten und Ranken zu sehen. Im Bogenfeld sind eine Wirbelrosette und die Inschrift „Agnus Dei" (lat. Lamm Gottes, Bezeichnung für Christus) angebracht. 1193 und 1230 brannte die Klosterkirche aus und wurde danach mühsam wieder aufgebaut.
Nach dem Aussterben der Familie von Ammensleben gingen die Vogteirechte auf die Grafen von Regenstein über. Um von den Grafen unabhängig zu sein, kaufte der Abt Mourin 1273 die Vogteirechte zurück. Es war nicht leicht, die Kaufsumme aufzubringen, und er war deshalb gezwungen, die Besitzungen des Klosters zu veräußern. Dies führte zu finanziellen Schwierigkeiten. Erst nach 1450 konnte die Klosterkirche renoviert und durch den Anbau von Sakristei und Marienkapelle schrittweise erweitert werden. Der Chor bekam seinen Abschluss mit drei Maßwerkfenstern. Diese Bauphasen – romanisch und gotisch – sind am Kirchengebäude deutlich zu erkennen. Im 16. Jahrhundert wurde das Kloster teilweise reformiert, bald darauf jedoch wieder traditionell katholisch. 1804 wurde das Kloster neben vielen anderen kirchlichen Besitzungen säkularisiert.

Die Kirche blieb als Pfarrkirche bestehen. Ende des 19. Jahrhunderts wurde eine Empore im neoromanischen Stil eingebaut.
1965 fanden die Restauratoren die Reste des mittelalterlichen Fußbodens aus Tonfliesen in der Kreuzkapelle südlich des Chores.
Bei einer Besichtigung verdienen außerdem die Sandsteinfiguren der gekrönten Märtyrerinnen in der Marienkapelle besondere Beachtung. Sie sind neben dem Altar auf spätgotischen Konsolen platziert.
Eine von ihnen ist wahrscheinlich die Heilige Ursula. Weiterhin sind Grabsteine aus dem 15. und 16. Jahrhundert sowie zwei Altäre aus dem 16. Jahrhundert zu bewundern.
Besichtigungen und Führungen: nach Absprache beim Katholischen Pfarramt: Kirchgang 1, D-39340 Haldensleben; Tel. +49 (0)3904 44108; www.kath-kirche-grossammensleben.de

Links: Grabstein von Abt Heinrich Schuckmann an der Chorsüdseite der Klosterkirche, rechts unten: Die Apsis der Klosterkirche in Groß Ammensleben

Gut zu wissen ...

Ein Schlüssel in einem Wappen oder Siegel weist oft auf St. Petrus hin. Denn Christus sagte zu Petrus: „Ich will Dir die Schlüssel des Himmelreichs geben." Das Zeichen des Apostels Paulus dagegen ist das Schwert, da er in Rom geköpft wurde. Im übertragenen Sinn ist es „das Schwert des Glaubens" und betont die Kraft der Worte Gottes. Groß Ammensleben führt in seinem Wappen beide Symbole.

Touristeninformation i

***Gemeindeverwaltung
Niedere Börde
Große Straße 9/10
D-39326 Gemeinde
Niedere Börde
Tel. +49 (0)39202 88300
www.niedere-boerde.de***

Hillersleben
Auf den Spuren der Vergangenheit

Hillersleben gehört zur Gemeinde Westheide im Landkreis Börde in Sachsen-Anhalt und liegt nur etwa sechs Kilometer von Groß Ammensleben und zwanzig Kilometer von Magdeburg entfernt. In den Pflastersteinen und kunstvoll gemauerten alten Häusern Hillerslebens liegt eine mehr als tausendjährige Geschichte verborgen. Vielleicht wurden in den Häusern auch die Steine des ehemaligen Klosters verbaut, denn von der einst geschlossenen vierflügeligen Klosteranlage blieben nicht alle Teile erhalten.

Die Hillersleber pflegen mit großem Engagement den jüdischen Friedhof und die vermutlich im 10. Jahrhundert gegründete Klosterkirche. Zur Rettung Letzterer wurde ein Verein ins Leben gerufen, und viele anfallende Arbeiten werden ehrenamtlich von den

Kloster Hillersleben

Mitgliedern dieses Vereins durchgeführt. Es ist dem großen Einsatz der örtlichen Helfer und zahlreichen Sponsoren zu verdanken, dass die Kirche seit 2009 für Besichtigungen geöffnet ist. Hier finden sowohl Gottesdienste als auch Orgelkonzerte statt. In einem direkt an die Kirchenmauer angeschlossenen Bau, dem ehemaligen Dormitorium, leben junge Familien.

Rund um die Romanik

Das ehemalige Benediktinerinnenkloster St. Laurentius, St. Stephan und St. Petrus

Schon 1002 erwähnte der Chronist und Bischof Thietmar von Merseburg das Benediktinerinnenkloster in Hillersleben („Hilleslevo"). Das Kloster wurde dem in ottonischer Zeit besonders verehrten heiligen Laurentius sowie dem heiligen Petrus und Stephan geweiht. In der Regierungszeit Ottos III. plünderten Slawen die Klosterbesitzungen. Danach, um 1022, ließen Markgraf Gero von Magdeburg und seine Schwester Enhilde von Dommersleben die Klosteranlage umbauen. Um 1100 zogen die Ilsenburger Mönche in das Kloster ein. Während der Kämpfe mit Heinrich dem Löwen 1179 wurde es zerstört. Die fruchtbaren Böden der Klostergüter und der Fleiß der Mönche ermöglichten jedoch einen Wiederaufbau des Klosters im 13. Jahrhundert. Der Verkauf von Ablassbriefen ab etwa 1400 wurde Grundlage finanzieller Stabilität und einer noch intensiveren wirtschaftlichen Entwicklung. 1550 fand eine Schlacht zwischen Herzog Georg von Mecklenburg und den Bürgern von Magdeburg bei Hillersleben statt. Abermals wurden die Klostergebäude in Mitleidenschaft gezogen und die Schatzkammer geplündert.

1577 wurde das Kloster evangelisch. Die Kriegsschäden von 1550 ließen sich nicht so schnell beheben, der Wiederaufbau dauerte bis 1580. Dabei wurden etliche Änderungen vorgenommen: Im Inneren entstanden Spitzbogenarkaden, und die neuen spitzbogigen

Über Nacht

Waldgasthof Rabensol
Rabensol 1
D-39326 Colbitz
Tel. +49 (0)39207 959872
www.rabensol.de

Fenster, vom Ammensleber Abt Schuckmann gestiftet, ersetzten die flächenmäßig kleineren rundbogigen.
Ab 1628 wurde das Kloster für vier Jahre erneut katholisch, dann nahm es das Magdeburger Domkapitel in Besitz. Das Herzogtum Magdeburg fiel jedoch 1680 an Brandenburg, und ab 1687 entschieden die brandenburgischen Kurfürsten über das Klosterleben. Es wurde ein Domänenamt eingerichtet, das die Landgüter verwaltete. Die Einkünfte des Klosters im 18. Jahrhundert wurden unter anderem zur Ausstattung der theologischen Fakultät der Universität Halle eingesetzt.
1788 wurden die Ostteile der Klosteranlage abgerissen, und 1811 stürzte ein Turm ein. Um 1859 folgte ein romanisierender Umbau der Anlage, es wurden beide Türme und der gesamte Dachstuhl der Kirche erneuert. Ein Blitzschlag beschädigte 1874 nicht nur die gerade wiederhergestellten Türme, sondern auch die Glocken und die Orgel. Es begann eine nochmalige Restaurierung. Teile der Umfassungsmauer wurden ausgebessert, eine neue Ostapsis angebaut und der Westbau neu errichtet (Entwurf: Friedrich August Stüler, nach dem Vorbild der Jerichower und Burger Türme). Die Restaurierungsarbeiten des 19. Jahrhunderts wurden durch den Konservator der Kunstdenkmäler in Preußen Ferdinand von Quast empfohlen und gefördert.
Zuletzt wurde die Kirche in den Jahren 1990 bis 2012 restauriert. Von den wenigen verbliebenen Ausstattungsobjekten ist das Taufbecken aus Sandstein sehenswert. Es stammt aus dem 16. Jahrhundert und zeigt an seinen Außenseiten vier Reliefbilder: die Gottesmutter Maria, St. Barbara, St. Katharina und St. Laurentius. Romanische Baudetails wie beispielsweise der Sockel, die Bogenöffnungen zum Querschiff und einige Türeinfassungen sind aus hellgrauem Sandstein. Die Außenmauer des

Altar der Klosterkirche Hillersleben

nördlichen Seitenschiffs ist in ihrem östlichen Bereich romanisch, hier sind noch die mit Bruchstein zugemauerten Rundbogenfenster zu erkennen. Die im 16. Jahrhundert erneuerten Teile wie das Fenstermaßwerk sind aus rotem Sandstein.

Nördlich und östlich der Kirche befindet sich ein Friedhof. Auch eine Gruft ist vorhanden. Im Sterberegister der Gemeinde sind die Namen der dort im 18. Jahrhundert beigesetzten Personen aufgeführt.

Detaillierte wissenschaftliche Untersuchungen des über tausend Jahre alten Klosterkomplexes stehen noch bevor.

Breite Straße 22a, D-39343 Hillersleben; Besichtigung der Klosterkirche von außen: jederzeit möglich, Führungen nach Absprache: Tel. +49 (0)39202 61436

Touristeninformation i

Tourismusverband
Colbitz-Letzlinger-Heide e. V.
August-Bebel-Straße 2
D-39326 Colbitz
Tel. +49 (0)39207 80691
www.heideinfo.de
www.region-magdeburg.de

Hundisburg Roman(t)ische Turmruine

Der Ort Hundisburg mit seinem barocken Schloss und Park liegt rund dreißig Kilometer nordwestlich von Magdeburg im Landkreis Börde. Er ist von rund 2.000 Hektar Wiesen und Ackerflächen umgeben. Nichts verrät auf den ersten Blick, warum der etwa tausend Einwohner zählende Ort als eine Station der Straße der Romanik ausgewiesen wurde. Doch wer die Geschichte von Hundisburg liest oder an einer Führung teilnimmt, wird seine Meinung ändern. Hier existierten vor 1500 Jahren zwei Siedlungen: das Dorf Nordhusen und eine Burg. Drei Flüsse – die Beber und deren Zuflüsse Olbe und Garbe – versorgten die Bewohner mit sauberem Wasser, der fruchtbare Boden ermöglichte eine gute Kornernte, und der nahe Wald bot viel Holz zum Bauen und Heizen. Beide Siedlungen hatten somit beste Voraussetzungen, um über Jahrtausende zu bestehen.

Die Turmruine in der Wüstung Nordhusen nahe Hundisburg

Rund um die Romanik

Kirchenruine Nordhusen

Westlich von Hundisburg befindet sich eine bemerkenswerte romanische Ruine aus Bruchsteinen. 17 Meter erhebt sich der dachlose Glockenturm über die Felder der Gegend. Die Glocken sind längst verschwunden. Heute lässt sich kaum mehr erahnen, dass die in der Ostwand der Turmruine vorhandenen Rundbogenöffnungen früher ins Innere einer Kirche führten, denn diese ist zerfallen. Einzelne zerbröckelte, runde Dachziegel sind um den Turm zerstreut, wahrscheinlich war das Dach nach der Art „Mönch und Nonne“ gedeckt. Die Dachziegel in Form eines kleinen Tonnengewölbes werden zunächst mit ihrer Wölbung nach unten verlegt („Nonnen“), obendrauf kommen versetzt solche mit der Wölbung nach oben („Mönche“). Diese alte Deckungstechnik kann man heute noch in Italien sehen. Mehr ist vom Ort Nordhusen nicht geblieben.

Nordhusen wurde vermutlich um 530 am Fluss Beber (Bever) als eine sächsische oder fränkische Siedlung gegründet. Es ist anzunehmen, dass sowohl Nordhusen als auch die nahe Burg Hunoldesburg umkämpfte Orte waren, um die das Erzbistum Magdeburg, das Bistum Halberstadt und das Herzogtum Braunschweig stritten. Von wem und wann genau die Kirche in Nordhusen errichtet wurde, ist nicht bekannt.

Nach historischen Quellen belagerte Kaiser Otto IV. im Jahre 1213 die Hunoldesburg, in der sich die Bewohner Nordhusens versteckten. Der Kaiser hatte im Kampf sechzig seiner Ritter verloren und war gezwungen,

Kaiser Otto IV. (Ölgemälde von J. C. L. Tunica, 1839)

die Belagerung abzubrechen. Beim Rückzug ließ er das verlassene Dorf zerstören und verschonte nur die Kirche. Danach siedelten sich die Bewohner Nordhusens in der Nähe der Schutzmauern der Hunoldesburg an. So entstand die Siedlung Hunoldesburg, später als Hundisburg bezeichnet.
1401 ließ der Burgherr der Hunoldesburg, Busse von Alvensleben, die Mühle von Nordhusen neu errichten. Die letzte urkundliche Erwähnung Nordhusens stammt aus dem Jahre 1458, als der damalige Burgbesitzer Ludolf von Alvensleben mit dem Zehnten über 24 Höfe belehnt wurde. Danach blieb von dem Ort nur eine Kirchenruine und eine Sage erhalten. Die Mühle von Nordhusen war bis zu einem Brand im Jahre 1848 in Betrieb.
Führungen nach Voranmeldung beim Museum Haldensleben

Sage von der Schlüsseljungfrau

Als Kaiser Otto IV. die Hunoldesburg belagerte, blieb eine junge Frau allein in Nordhusen zurück. Nach ihrer Rückkehr aus der Burg wunderten sich die Nordhusener, dass das Haus der Frau verschont geblieben war. Sie misstrauten ihr und mieden sie. Schließlich siedelten sie in die Hunoldesburg über. Die Frau verschwand plötzlich. Kurz danach tauchte sie wieder auf, als Erscheinung in einem weißen Kleid. Am Gürtel trug sie einen Schlüsselbund, mit dem sie die geheimen Kellerräume der Hunoldesburg aufschließen konnte.

Weitere Sehenswürdigkeiten

Barockes Schloss und Park Hundisburg

Die Burg Hundisburg wurde während des 16. Jahrhunderts im Stil der Renaissance palastartig ausgebaut. Um 1700 kamen ein barocker Schlossbau, ein zweiter Turm am mittelalterlichen Bergfried und ein symmetrisch angelegter Garten hinzu. Im Jahre 1811 verkaufte die Familie von Alvensleben die Hundisburg an die Magdeburger Familie Nathusius. Der barocke Garten wurde in einen Park englischen Stils umgewandelt. Scherzhaft symbolisiert ein aus Bronze gegossener Hund heute die „Hundisburg“.

Museum Haldensleben

In dem 1910 gegründeten kulturgeschichtlichen Museum findet sich ein Teilnachlass der Brüder Grimm, der aus Büchern, Kleidungs- und Möbelstücken, Briefen und Haushaltsgegenständen besteht. Das wertvollste Kunstwerk im Museum ist das Frauenporträt „Lucretia“ von Lucas Cranach d. Ä. aus dem Jahre 1519.
Breiter Gang, D-39340 Haldensleben; Tel. +49 (0)3904 2710; Di-Fr: 9-12 und 14-17 Uhr, So: 10-12 und 14-17 Uhr; www.museumhaldensleben.de

Technisches Denkmal Ziegelei Hundisburg

Das Technische Denkmal Ziegelei Hundisburg ist eine funktionstüchtige Ziegelei und produziert Baustoffe für die Denkmalpflege. Hier ist das kreative Arbeiten mit Ton möglich. Auch Rundfahrten mit der Feldbahn und eine Sauna sind im Angebot.

Über Nacht

Zimmervermietung Ziegelei
Jacob-Bührer-Straße 2
D-39343 Hundisburg
Tel. +49 (0)3904 42835
www.ziegelei-hundisburg.de

Schlossherberge Im kleinen Haus
Schloss Hundisburg
D-39343 Hundisburg
Tel. +49 (0)3904 44265

Genuss-Tipp

Restaurant/Café Schloss Hundisburg
Schloss Hundisburg
D-39343 Hundisburg
Tel. +49 (0)3904 462804
www.schloss-hundisburg.de

Gaststätte Räuberhöhle
Thiestraße 1
D-39343 Haldensleben
Tel. +49 (0)3904 461042
www.raeuberhoehle.eu

Touristeninformation

Center am Bahnhof
Bahnhofsplatz 2
D-39340 Haldensleben
Tel. +49 (0)3904 725995
www.region-magdeburg.de

Bebertal
Am Beginn der Christianisierung

Die heutige Gemeinde Bebertal besteht aus vier früher selbstständigen Ortschaften: Dönstedt, Alvensleben Markt, Alvensleben Dorf und Alvensleben Burg. Die Burg wurde schon im 12. Jahrhundert schriftlich erwähnt und befand sich seit 1180 im Besitz der Bischöfe von Halberstadt. Auf dem Burggelände existierten einige Turmhöfe der Ritterschaft und drei Burgen, 1245 wurde direkt hinter der bischöflichen Burg noch eine Markgrafenburg gebaut. Alvensleben Markt, neben der Burg, fand schon im 13. Jahrhundert in einer Urkunde als Kaufmannssiedlung Erwähnung. Ab 1363 galt diese als Stadt. Im 17. Jahrhundert wurden der Wirtschaftsbetrieb und der Sitz des Amtmanns von der Burg in den Ort Markt Alvensleben verlegt. Die Burg zerfiel allmählich, 1837 wurde das Burggelände von dem Landrat Otto August von Veltheim erworben und in einen Landschaftspark umgewandelt. Solche

Romanische Kirche St. Stephanus in Bebertal, seit dem 17. Jh. Friedhofskapelle

Gartenanlagen mit Ruinen, manchmal auch künstlich angelegten, waren damals sehr in Mode und galten als Zeugnis des hohen Bildungsniveaus des Besitzers.
Bis heute bezeichnen die Einwohner die Teile ihrer Stadt als Dönstedt, Markt, Dorf und Burg. Der älteste Teil von Alvensleben Dorf liegt um die Kirche St. Stephanus, die sich heute an der Friedensstraße am Ortsrand befindet und als Friedhofskapelle genutzt wird.

Gut zu wissen…

Von der dritten Burg in Bebertal, Ritterburg oder Musikenburg genannt, sind lediglich zwei Urkunden und mehrere Legenden erhalten geblieben. Sie erhielt den Zusatznamen Musikenburg, weil „den Schall der Trompeten, Hörner und Cymbeln beim Klänge der Becher und dem Wirbel der Tänze darinnen fast nie aufgehöret". Im Wappen der Gemeinde Bebertal sind Elemente der Ritterwappen vom Alvensleben (drei weiße Blumen) und von Veltheim (Lindenzweig) zu sehen.

Rund um die Romanik

Friedhofskapelle St. Stephanus

Die Kleinkirche aus dem 9. Jahrhundert wurde vermutlich als eine Taufkirche im damaligen Dorf Alvensleben gebaut. Bischof Hildegrim I. von Halberstadt (804–827) gründete auf Veranlassung Kaiser Ludwigs des Frommen 35 Kirchen und weihte sie alle dem heiligen Stephanus, dem ersten Märtyrer der Christen. Es ist sehr wahrscheinlich, dass St. Stephanus in Alvensleben zu diesen Kirchen gehörte.
Der kleine Saalbau auf rechteckigem Grundriss wurde aus nahezu quaderförmigen Mauersteinen errichtet. Als Material wurden Porphyr und Sandstein verwendet. Die beiden mittlerweile erneuerten Rundfenster in der südlichen Mauer entstanden sicher schon in frühromanischer Zeit. Auch die nördliche Mauer ist romanisch. Anfang des 19. Jahrhunderts wurden Änderungen an der Ostwand vorgenommen und die

Genuss-Tipp

Hofcafé „Eiszeit" im Vier Zeit Hof Bebertal, mit Zimmervermietung
Friedensstraße 36, D-39343 Bebertal
Tel. +49 (0)39062 553636
Mob. +49 (0)157 78086175
So–Do: 14–18 Uhr; Fr, Sa: 14–20 Uhr, Feiertage: ab 10 Uhr
weitere Öffnungszeiten oder Feiern, auch mit Übernachtung, nach Absprache
www.vierzeithof.de

hölzernen Säulen hinzugefügt. Man versuchte damals, dem bescheidenen Bau die Form eines altgriechischen Tempels zu geben. Über die ursprüngliche Dachform ist nichts bekannt. Die Kirche dient seit dem 17. Jahrhundert als Friedhofskapelle.

Ortsausgang, Friedensstraße (B 245), D-39343 Bebertal; keine festen Öffnungszeiten, Besichtigungen nach Vorabsprache beim evangelischen Pfarramt: Am Alten Markt 11, D-39343 Bebertal; Tel. +49 (0)39062 402; Wolfram.Steinacker@t-online.de

Weitere Sehenswürdigkeiten

Kirche St. Jacobi

Am Alten Markt ist die Kirche St. Jacobi der älteste Bau. Gleich beim ersten Anblick kann der Beobachter die Merkmale einer romanischen Kirche erkennen: ein Langhaus mit einem quer gestellten Westbau, den man manchmal als sächsischen Riegel bezeichnet. Die Kirche wurde im 17. Jahrhundert erweitert und erhielt einige barocke Elemente.

Die Veltheimsburg

Der gesamte Burgkomplex wurde 1990 vom Braunschweiger Unternehmer Hans-Dieter Neddermeyer erworben. Einige Teile der Anlage sind bereits renoviert worden und nunmehr zugänglich. Hier kann man es sich in einem Café gemütlich machen. Der runde Bergfried mit etwa zehn Metern Durchmesser hatte im Mittelalter einen Einstieg in elf Metern Höhe. Bei der letzten Instandsetzung wurden der Zinnenkranz als Turmbekrönung und der ebenerdige Zugang als Ergänzungen zugefügt, so dass man den Turm jetzt bequem besteigen kann.

Die Ritterfamilie von Veltheim erhielt 1439 eine der drei Burgen als bischöfliches Lehen. Bereits 1270 war eine der Familien von Alvensleben auf die sechs Kilometer südwestlich liegende Wasserburg, jetzt Schloss Erxleben, umgesiedelt. Im 18. Jahrhundert wurde noch ein Gutshaus, ein schlichter verputzter Bau, errichtet und die Burg Alvensleben in Veltheimsburg umbenannt. Das Schloss entstand 1882 im Stil des Historismus, als Vorbild dienten Renaissancebauten. Die Veltheimsburg befand sich bis 1945 im Besitz der Familie von Veltheim, danach wurden die Gebäude unter anderem als Kinderheim genutzt.

Burgstraße 16, D-39343 Bebertal; keine festen Öffnungszeiten; Führungen nach Anfrage beim Heimatverein Bebertal e. V.: Friedensstraße 27, D-39343 Bebertal; Tel. +49 (0)390962 5129 (Andreas Wellmann)

Die Veltheimsburg, das Schloss von 1882

Über Nacht

Pension Deutsches Haus
Haldensleber Straße 22
D-39343 Bebertal
Tel. +49 (0)39062 269

Genuss-Tipp

Schlosscafé Veltheimsburg
Burgstraße 16
D-039343 Bebertal
Tel. +49 (0)39062 343

Walbeck
Historischer Adelssitz

Walbeck liegt an der L20 in der Nähe von Weferlingen im Kreis Haldensleben und hat etwa 750 Einwohner. Heute ist es unvorstellbar, dass um diesen friedlichen Ort Kaiser Friedrich Barbarossa und Bischof von Magdeburg stritten. Die Burg Walbeck war bereits im 9. Jahrhundert Sitz einer Adelsfamilie. Ein Vertreter dieser Familie, Graf Liutar (Lothar) I. von Walbeck starb 929 in der Schlacht bei Lenzen. Graf Liutar (Lothar) II. von Walbeck war 941 an einer Verschwörung gegen Otto I. beteiligt und wurde ins Exil nach Schweinfurt geschickt. 942 kehrte er nach Walbeck zurück und musste als Sühne für sein Vergehen auf dem Burgberg, später in einigen Quellen auch Domberg genannt, ein Chorherrenstift des Benediktinerordens errichten.

Rund um die Romanik

Ruine der Stiftskirche St. Marien, St. Pankratius und St. Anna

Die Stiftskirche stellte eine im Grundriss kreuzförmige Basilika dar. Sie wurde an der höchsten Stelle des Ortes neben der Burg gegründet. Im Querhaus der Stiftskirche in einer unterirdischen Grabkammer wurde Lothar II. nach seinem Tod im Jahre 964 bestattet. Die sich stets ändernde Wohnweise und die Anpassung an die neuen wirtschaftlichen sowie politischen Bedingungen führten zu mehreren Erweiterungen und Umbauten der Stiftsanlage. Der Westbau der Kirche und die Burg wurden im 13. Jahrhundert abgetragen. Das seit der Reformationszeit evangelische Stift existierte bis 1811. Danach wurde es aufgelöst, die Räume bekam ab 1832 die Gemeinde zum Einrichten der Armenwohnungen. Die ehemalige Stiftskirche verfiel zusehends.

1887 stand ihr Abriss zur Debatte. Um 1900 wurden die Sicherungsarbeiten an der Kirchenruine durchgeführt. 1934 fanden archäologische Untersuchungen statt, dabei konnte die Grabkammer Lothars II. freigelegt werden. Der geborgene Sarkophag Lothars II. wurde in die Walbecker Dorfkirche St. Michaelis gebracht. Er stellt ein heute seltenes Beispiel der Grabgestaltung aus ottonischer Zeit dar. Die Ruine der romanischen Kirche steht seit 1980 unter Denkmalschutz. Hier finden öffentliche Veranstaltungen wie Konzerte mittelalterlicher Musik statt.

Zufahrt zur Burgruine: Burgstraße, D-39356 Walbeck; Tel. +49 (0)39061 2603 (Frau Pätz); Ruine frei zugänglich, Führungen nach Absprache

Genuss-Tipp

Waldgaststätte & Pension Barriere Rehm
Wildspezialitäten direkt vom Jäger
Barriere 167
D-39356 Oebisfelde-Weferlingen
Tel. +49 (0)39061 2502

Ruine der Stiftskirche in Walbeck

Über Nacht

★★★ Parkhotel Helmstedt
Albrechtstraße 1
D-38350 Helmstedt
Tel. +49 (0)5351 544880
info@parkhotel-helmstedt.de

Touristeninformation

Zufahrt zur Ruine der Stiftskirche
Bergstraße
D-39356 Walbeck
Tel. +49 (0)39061 2603
www.walbeckimallertal.de

Wiepke
Vielfalt an Flora und Fauna

Wiepke liegt an der B71 nördlich von Gardelegen und ist von Walbeck fünfzig Kilometer entfernt. Wiepke hat nur 200 Einwohner und ist seit 2010 ein Ortsteil der Hansestadt Gardelegen, die sich im Altmarkkreis Salzwedel befindet. Das kleine Dorf kann Kindern ein unvergessliches Erlebnis bieten, denn hier herrscht eine große Vielfalt an Flora und Fauna: Störche, Kraniche, Frösche, Igel und viele verschiedene Pflanzen am Wegrand und im Wald. Wandern mit Kindern und Freunden kann wirklich aufregend sein. Einfach bei der Touristeninformation nach einer Wanderung durch das Waldgebiet fragen!

Rund um die Romanik

Dorfkirche Wiepke

Eine der bekanntesten Sehenswürdigkeiten der Gegend ist die Dorfkirche Wiepke. Das spätromanische Bauwerk (12. Jahrhundert) wurde auf einer Anhöhe aus Feldsteinen errichtet. Vermutlich waren hier Bauleute aus Frankreich und Belgien tätig. Zurzeit besteht der Baukörper aus einem vergleichsweise kurzen Schiff, einem im Grundriss quadratischen Chor ohne Apsis und einem Westquerturm. Der Turm wird von einem Satteldach mit Dachreiter gekrönt. Die Dachdeckung der Kirche besteht aus Biberschwanzziegeln. Um 1600 wurde die Kirche durch einen Brand erheblich zerstört. 1602 erhielt der Chor anstelle des früheren Kreuzgratgewölbes eine reich bemalte Kassettendecke aus Holz, die auch heute noch zu sehen ist. Der beschädigte Turm bekam ein neues Glockengeschoss und ein neues Satteldach.

Etwas später wurde der Dachreiter aufgesetzt.
Um 1720 wurde das Kircheninnere barock umgestaltet. Hinzu kamen Änderungen im Außenbereich: Der Eingang wurde an die Nordseite des Turmes verlegt, und die schmalen Rundbogenfenster im Chor und im Schiff wurden vergrößert.
Von der ursprünglichen romanischen Baugestaltung sind gegenwärtig der Grundriss der Kirche, das rund anderthalb Meter starke Mauerwerk und eine rundbogige Priesterpforte erhalten geblieben. An mittelalterlichen Ausstattungsobjekten sind die Orgelempore und das Taufbecken in Pokalform mit Kugelschmuck am Schaft zu nennen. An einer Altarplatte wurden eingeritzte altgriechische Buchstaben und die Zahl 1440 von Restauratoren entdeckt. Die genaue Deutung dieser Zeichen war bislang noch nicht möglich.
Im Turm befindet sich eine Bronzeglocke aus dem Jahre 1696, die durch den damaligen Schulze gestiftet wurde. Eine barocke Orgel kam 1842 nach Wiepke und stammt vermutlich von der Gutskirche Isenschnibbe. Nach 1990 fand eine umfangreiche Sanierung und

Romanische Dorfkirche in Wiepke, Südseite

Genuss-Tipp

Probieren Sie das Garley-Bier in der Reutterklause beim ★★★ Hotel Reutterhaus Sandstraße 82 D-39638 Hansestadt Gardelegen Tel. +49 (0)3907 80760 www.garley.de

Restaurierung der Kirche statt. Diese wird heute von der evangelischen Kirchengemeinde genutzt.
Evangelische Dorfkirche, Dorfstraße, D-39638 Wiepke; keine festen Öffnungszeiten; Führung: Ilse Berlin, Dorfstraße 20, D-39638 Wiepke; Tel. +49 (0)39085 211

Weitere Sehenswürdigkeiten

Reichwald'sche Mühle

Die unter Denkmalschutz stehende Reichwald'sche Mühle befindet sich am westlichen Dorfrand am Wiepker Bach. Dieser entspringt im noch weiter westlich liegenden Quellmoor Elf Quellen. Die Wassermühle mit ihrem Gehöft wurde im 17. Jahrhundert in Fachwerkbauweise aus Eichenholz ausgeführt. An dieser Stelle befand sich im Mittelalter eine Mühle, die in einer Urkunde aus dem 15. Jahrhundert erwähnt wird. Heute ist die Reichwald'sche Mühle, benannt nach ihrem letzten Besitzer, als funktionstüchtige technische Schauanlage bekannt. Sie ist eine Wassermühle mit oberschlächtigem Rad. Der derzeitige Wasserstand im Bach behindert einen originalgetreuen

Reichwald'sche Mühle (17. Jh.) in Wiepke

Vorgang der Wassermühle, so dass zusätzlich ein Elektromotor benötigt wird. Eine geführte Wanderung durch das Waldgebiet lässt sich hervorragend mit der Besichtigung der Mühle verbinden. Man kann den gesamten Mühlvorgang vom Korn bis zum Mehl verfolgen. Führungen sind nach vorheriger Absprache möglich.
Führung Wassermühle: Friedrich Wilhelm Gille, Mühlenweg 1, D-39638 Wiepke; Tel. +49 (0)39085 6418

Ausflugstipp

Stadt Gardelegen

In dieser Gegend wird nicht nur gebacken, sondern auch gebraut, und zwar seit dem Mittelalter:
Das Bier führte die Stadt Gardelegen zu Wohlstand. Im Mittelalter wurden hier viele verschiedene Biersorten gebraut, darunter Soltmann in Salzwedel, Taubentanz in Stendal und Kuhschwanzbier in Tangermünde. Jede Familie besaß ihr eigenes Rezept, das an die nächste Generation vererbt wurde.
Doch wirklich zu einem historischen Marken-Bier hat es nur eine Biersorte geschafft: Garley aus Gardelegen. Dieses Bier wurde früher in großen Mengen nach Dänemark exportiert. Die Bedeutung der Bierproduktion ist an dem Stadtwappen zu erkennen, das nur einen „halbierten" Brandenburgischen Adler zeigt, damit genug Platz für drei Hopfenranken bleibt. So zumindest erklären die Gardelegener scherzhaft die Zusammensetzung ihres Wappens.

Über Nacht

★★★ Hotel Reutterhaus
Sandstraße 80
D-39638 Hansestadt Gardelegen
Tel. +49 (0)3907 80760
info@reutterhaus.de

Touristeninformation

Rathausplatz 1
D-39638 Hansestadt Gardelegen
Tel. +49 (0)3907 42266
www.gardelegen.info

Engersen
Klein aber fein

Von Wiepke erreicht man in nur knapp vier Kilometern Engersen. Engersen und Klein Engersen sind seit 2010 Ortsteile der Stadt Kalbe (Milde) im Altmarkkreis Salzwedel. Früher hieß die Stadt Calbe an der Milde, 1952 wurde zur Unterscheidung von der Calbe (Saale) die Schreibweise Kalbe (Milde) eingeführt. Engersen hat heute etwa 500 Einwohner, Klein Engersen etwas über 100. Der Ort Engersen wurde 1238 in der Resignationsurkunde des Grafen Siegfried von Altenhausen-Osterburg namentlich angeführt.

Rund um die Romanik

Die Dorfkirche in Engersen

Die für die Altmark typische spätromanische Kleinkirche wurde im 13. Jahrhundert aus Feldsteinen errichtet. Der ursprünglich dreiteilige Grundriss wies einen Chor im Osten und einen wehrhaften Querturm im Westen auf. Im 16. Jahrhundert wurde der Chor durch den Anbau einer halbrunden Apsis erweitert. In den Jahren 1738 bis 1745 und dann noch einmal im Jahr 1877 wurde die Kirche renoviert und umgebaut. Dadurch verlor sie einige ihrer romanischen Elemente wie beispielsweise Rundbogenfenster. Das für die Romanik kennzeichnende Rundbogenportal ist an der Südseite zu finden. Auch in Klein Engersen findet sich eine aus Feldsteinen errichtete Kirche aus der Zeit der Romanik, vermutlich aus dem 12. Jahrhundert.

Für die Altmark typische spätromanische Dorfkirche

Diese ist nicht als Objekt der Straße der Romanik anerkannt, verdient aber ebenfalls Aufmerksamkeit.
Dorfstraße, D-39638 Engersen; keine festen Öffnungszeiten; Informationen und Führungen unter Tel. +49 (0)39085 6389

Weitere Sehenswürdigkeiten

Stadt Kalbe (Milde)

Die „Hundert-Brücken-Stadt" lädt ihre Gäste ein, die Brücken der Stadt zu „inventarisieren". Ob es tatsächlich hundert davon gibt? Bei einer Stadtführung erfährt man unter anderem, dass der mittelalterliche Stadtname als Calue geschrieben wurde. Die Burg in Kalbe, heutzutage nur als Ruine in der Stendaler Straße zu sehen, war im Mittelalter eine durch mehrere Gräben und Wälle befestigte Niederungsburg. Sie diente sowohl als Verteidigungsanlage als auch als Wohnsitz. Nach Aussagen der Wissenschaftler befand sich an dieser Stelle schon vor dem 9. Jahrhundert eine slawische Fliehburg. Von 1324 bis 1945 war die Burg im Besitz der Familie von Alvensleben.
Burgruine: Stendaler Straße, D-39624 Kalbe (Milde)

Historische Burgruine in Kalbe (Milde)

Über Nacht

★★★★ Center Hotel Altmark
Ernst-Thälmann-Straße 96
D-39624 Kalbe (an der Milde)
Tel. +49 (0)39080 38862
altmark@travdo-hotels.de

Touristeninformation

Schulstraße 11
D-39624 Kalbe (Milde)
Tel. +49 (0)39080 97122
www.stadt-kalbe-milde.de

Rohrberg
Der Natur ganz nah

Zur Gemeinde Rohrberg gehören außer Rohrberg die Orte Ahlum und Nieps, die sich in der Niederung der Hartau befinden, sowie die westlich bzw. nordwestlich liegenden Ortsteile Stöckheim, Groß Bierstedt und Klein Bierstedt. Die Umgebung ist durch bewirtschaftete Felder, weite Wiesen und bewaldete Hügel geprägt. Insgesamt sind in allen Ortsteilen etwa 1100 Einwohner angemeldet. In der Umgebung lassen sich viele Vogelarten wie Störche, Kraniche und Wildenten beobachten.

Rund um die Romanik

Kirche in Rohrberg

An der Kreuzung Breite Straße und Bahnhofstraße befindet sich die örtliche Kirche, die vermutlich um 1175 aus Feldstein errichtet wurde. Ihr Grundriss beinhaltete ein Langhaus, einen Chor mit der halbrunden Apsis im Osten und einen Westquerturm im Westen. Der Turm erhielt 1752 einen Fachwerkaufsatz, der nach der denkmalgerechten Sanierung in den Jahren 2004 und 2008 nicht mehr als solcher zu erkennen ist. In seinem Glockengeschoss behielt der Turm gekuppelte Rundbogenöffnungen, die ihn eindeutig als romanischen Bau ausweisen. Der querschiffartige Ausbau des Langhauses erfolgte 1884.

Die Ausstattung der Kirche spiegelt die Epochen der Kunstgeschichte wieder: Ein Taufbecken in Kelchform auf einem Würfelkapitell stammt aus der Romanik, eine kielbogenförmige Sakramentsnische aus der Gotik, der ovale Altaraufsatz und die reichverzierte Kanzel

Genuss-Tipp

Landgasthof Alter Bahnhof
Bahnhofstraße 13
D-39389 Rohrberg
Tel. +49 (0)39000 385
www.landgasthofalterbahnhof.de

zeigen barocke Elemente. Die Sakramentsnische ist mit den Wappen der früheren Patronatsherren von der Schulenburg zu Wolfsburg und von Beetzendorf geschmückt. Unter den fünf Glocken der Kirche befindet sich eine Bronzeglocke aus dem Jahr 1337, sie trägt eine Ritzzeichnung und eine Inschrift in lateinischer Sprache: ego sum Hermannus „Ich bin Hermann", Name des Gießers).
Die Kirche wird gegenwärtig von der evangelischen Kirchengemeinde genutzt. Es ist etwas Besonderes, die Taufe eines Kindes hier zu erleben, wenn das alte Taufbecken wie vor 800 Jahren mit Weihwasser gefüllt wird.
Breite Straße 38, 38489 Rohrberg; keine festen Öffnungszeiten; Führungen nach Absprache: Tel. +49 (0)39000 90670 (Pfarrer: Gottfried Vogel)

Rohrberger Dorfkirche

Über Nacht

★★★ Beverhotel Beetzendorf
Beverhol 6a
D-38489 Beetzendorf
Tel. +49 (0)39000 51330
www.beverhotel.de

Touristeninformation

Gemeindebüro
Schulstraße 1
D-38489 Rohrberg
Tel. +49 (0)39000 322
www.altmarktourismus.de

Diesdorf
Frisch auf den Tisch

Von Rohrberg lohnt sich ein Ausflug in das etwa 13 Kilometer entfernte Diesdorf. Hier, in einem 1500-Seelen-Ort, überrascht die imposante Stiftskirche aus Backstein jeden Besucher. Eine hügelige Endmoränenlandschaft mit bewaldeten trockenen Sandböden zeichnet diese Gegend aus. Die von Archäologen untersuchten Großsteingräber bei Diesdorf belegen, dass hier schon während der Steinzeit Menschen siedelten.

Rund um die Romanik

Klosterkirche St. Maria und Crucis

1161 stiftete Graf Hermann von Warpke-Lüchow zu einer bereits bestehenden Kirche das Augustiner-Chorherrenstift St. Maria und Crucis (der Gottesmutter Maria und dem Kreuz geweiht). Die neue Klosterkirche wurde 1182 bis 1230 erbaut und war die erste umfassend gewölbte Basilika der Altmark. Neben der Grablege der Stifterfamilie diente das Stift als Missionszent-

Die Klosterkirche St. Maria und Crucis in Diesdorf

rum für das Wendland: Von hier aus breitete sich das Christentum aus, viele Dorfkirchen wurden gegründet. 1200 wurde das Kloster Diesdorf, auch Kloster Marienwerder genannt, von Chorfrauen übernommen. Zum Klosterbesitz gehörten unter anderem acht wendische (slawische) Dörfer. Im Zuge der Reformation wurde das Kloster 1551 säkularisiert, ein Domänenamt der Mark Brandenburg und ein weltliches Damenstift wurden eingerichtet. Die evangelische Gemeinde nutzte das Kirchengebäude dann als Pfarrkirche. 1810 erfolgte die Auflösung des Damenstifts. Von den Klostergebäuden ist im Wesentlichen nur die große dreischiffige Basilika aus einheitlichem Mauerwerk erhalten geblieben. Das Äußere der Kirche weist nur sparsame Baudekorationen auf, darunter Lisenen und Friese. Dennoch geben diese wenigen Schmuckelemente dem Bau einen besonderen Hauch von Eleganz. Das reich verzierte, abgestufte romanische Portal befindet sich an der Stirnseite des südlichen Querschiffs. Dass der Westteil der Kirche etwas später als das Langschiff entstand, lässt sich an der Form der Fenster verfolgen: Sie sind im Untergeschoss rundbogig, im Obergeschoss bereits nach gotischer Art spitzbogig. Der Turm über dem Mittelteil des Westbaus wurde 1872 im neoromanischen Stil errichtet. Das Innere der Kirche wird vom Wechsel der Pfeiler und Zwischenpfeiler bestimmt. Alle Schiffe besitzen Kreuzgratgewölbe, die Apsiden haben Halbkuppeln als oberen Abschluss. Die Nonnenempore im nördlichen Querhaus wurde im 15. Jahrhundert durch einen Anbau in westlicher Richtung erweitert.

Kloster, D-29413 Diesdorf; Tel. +49 (0)3902 327 oder 939640 (Ev. Pfarramt); Öffnungszeiten nach Absprache

Genuss-Tipp

Süßmost- und Weinkellerei
Bergstraße 1
D-29413 Diesdorf
Tel. +49 (0)3902 317
www.diesdorfer.de

Salzwedel
Die Stadt des Baumkuchens

Die malerische Stadt Salzwedel trägt den Beinamen „nördliches Klein-Venedig“: Im historischen Stadtkern sind viele Gebäude auf Eichenpfählen errichtet worden, und zahlreiche Brücken queren die Flüsschen Dumme und Jeetze.
An dieser Stelle, im Tal der schiffbaren Jeetze, stand schon Anfang des 12. Jahrhunderts eine Burg, die die Salzstraße von der Salinenstadt Lüneburg nach Magdeburg sichern sollte. Neben den Burgmauern entstand ein Markt, um den sich eine Stadt bildete. Eine Urkunde von 1233 erwähnt Salzwedel, also Salzfuhrt, als Marktort. Wuchtige Stadttore, mehrere Kirchengebäude und prächtige Fachwerkhäuser bezeugen den Wohlstand der Bewohner in der Vergangenheit. Salzwedel war von 1265 bis 1518 Mitglied der Hanse und durch Handel sowie Leinenweberei und Tuchmacherei besonders bekannt. Heute ist die etwa 22.000 Einwohner zählende Stadt ein Treffpunkt von Reisenden: Hier kreuzen sich die Straße der Romanik und die Deutsche Fachwerkstraße. Seit 2008 führt die Stadt wieder den stolzen Namenszusatz „Hansestadt“.

Ansicht der Stadt Salzwedel (Kupferstich von Matthäus Merian, 1650)

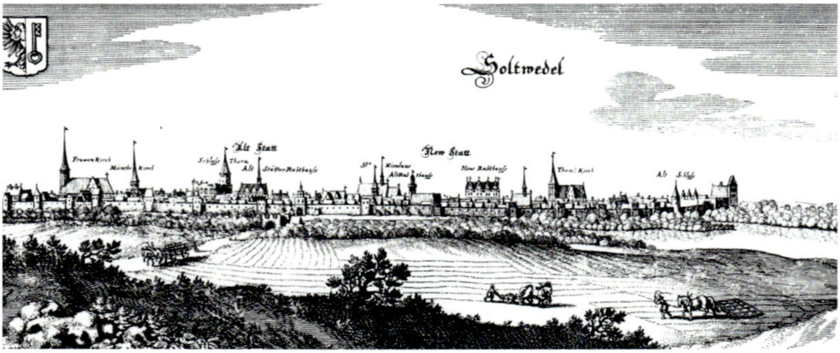

Rund um die Romanik

Kirche St. Lorenz

Die Backsteinbasilika wurde vermutlich in der Mitte des 13. Jahrhunderts errichtet. Sie hatte ursprünglich einen dreigliedrigen Grundriss ohne Querschiff: Dem dreischiffigen Langhaus schlossen sich westlich ein mittelschiffbreiter Turm und östlich der Chor mit einer halbrunden Apsis an. Wahrscheinlich hatte die Kirche zunächst eine flache Holzdecke: Die jetzigen Rippengewölbe im Chor und im Mittelschiff stammen aus dem späten 14. Jahrhundert. Nach der Reformation, genauer gesagt ab dem Jahr 1692, diente die Kirche als Salzlager der Königlichen Salzfactorey. Für diese zweckfremde Nutzung wurden die Arkaden vermauert und die Seitenschiffe abgebrochen. 1794 folgte die Beseitigung der Obergeschosse des Kirchturms. Salzschäden am Mauerwerk machten sich bald bemerkbar, und ein vollständiger Abriss der Kirche wurde in der Mitte des 19. Jahrhundert ernsthaft diskutiert.

Kirche St. Lorenz, Salzwedel

Daraufhin kaufte 1860 die katholische Gemeinde der Stadt das beschädigte Gebäude und ließ es wiederaufbauen. Leider verwendete man damals falsche Baumaterialien, und so wurden zwischen 1961 und 1964 sowie zwischen 1983 und 1990 erneut umfangreiche und teure Instandsetzungen notwendig, bei denen obendrein die Ausstattung der Kirche verloren ging. Das einzige bei Ausgrabungen gefundene Objekt ist ein Bronzeleuchter, der jetzt im Pfarrhaus steht. Am Chorbogen ist eine spätgotische Kreuzigungsgruppe aus dem 16. Jahrhundert zu sehen.
Die Kirche St. Lorenz unterscheidet sich von den bislang auf der Straße der Romanik gesehenen Backsteinkirchen durch die Vielfalt ihres Bauschmucks sowohl im Außen- als auch im Innenbereich. Schwarz glasierte Backsteine und weiß verputzte Verblendungen bilden einen starken Kontrast zum roten Backsteinmauerwerk. Außen sind die Schmuckelemente insbesondere am Chor auffällig. Der im Grundriss rechteckige Chor erhielt an seiner Ostseite keine Apsis, dafür sind hier im dreieckigen Giebelfeld außer dem üblichen Rundbogenfries noch drei

Innenansicht der Kirche St. Lorenz gen Osten

kreisförmige, verputzte Zierblenden zu sehen. Die in den Nischen sitzenden Chorfenster haben mit Rundstäben betonte Laibungen und leicht spitzbogige Umrandungen. Solche Elemente können als Übergangsmotive zur Gotik angesehen werden. Die Fenster des Obergadens sind kreisförmig. Unverkennbar romanisch ist der Eingang an der Westseite: Das abgestufte Rundbogenportal wird von der Wandfläche durch eine leicht vorspringende rechteckige Umrahmung abgesetzt.
D-29410 Hansestadt Salzwedel; täglich 14-15 Uhr, So: Gottesdienst 9.30-11 Uhr, Führung nach Voranmeldung: Tel. +49 (0)3901 423357; www.bistum-magdeburg.de

Über Nacht

★★★ Hotel/Restaurant Reitstadion
Gerstedter Weg 6
D-29410 Hansestadt Salzwedel
Tel. +49 (0)3901 830911
www.reiten-salzwedel.de

★★★ Hotel Katharinenhöfchen
An der Katharinenkirche 5
D-29410 Hansestadt Salzwedel
Tel.+49 (0)3901 471262

Weitere Sehenswürdigkeiten

Marienkirche

Von der spätromanischen Vorgängerkirche sind heute nur noch die Mauern des einschiffigen Chores und der 86 Meter hohe, leicht krumme Westturm erhalten. Ansonsten präsentiert sich die Marienkirche nun als gotisches Bauwerk. Sie wurde als fünfschiffige Backsteinbasilika gebaut. Im Inneren kann man neben den Glasmalereien noch den acht Meter breiten Flügelaltar bewundern, der in farbigen Reliefbildern das Leben Mariens und Christi erzählt.
Marienkirche, D-29410 Hansestadt Salzwedel; Di-Fr 10.30-12 Uhr und

Blick auf die Marienkirche Salzwedel

Genuss-Tipp

Ritteressen:
Der Eiskeller
Magdeburgerstr. 10
D-29410 Salzwedel
Tel. +49 (0)3901 423243
www.der-eiskeller.de

Baumkuchen-Bäckerei
St.-Georg-Straße 87
D-29410 Hansestadt Salzwedel
Tel. +49 (0)3901 32306
www.baumkuchen-salzwedel.de

14-15.30 Uhr, Sa 13.30-16 Uhr, So 13.30-17 Uhr; Gottesdienst So 9.30 Uhr, Führung nach Voranmeldung Tel. +49 (0)3901 423189 oder +49 (0)3901 27510; www.marienkirche-salzwedel.de

Johann-Friedrich-Danneil-Museum

Dass man die Vorgeschichte in drei Abschnitte, nämlich Stein-, Bronze- und Eisenzeit aufteilt, weiß jeder Schüler. Diese Gliederung hat Johann Friedrich Danneil (1783–1868) vorgeschlagen. Er war in Salzwedel als Gymnasialdirektor, Stadtchronist und Archäologe tätig. Seine Sammlung regionaler archäologischer Funde bildete den Grundstock des heimatkundlichen Museums in Salzwedel. Auch weitere historische Exponate sind sehenswert, darunter die spätromanische Marienfigur aus Holz, Salzwedeler Madonna genannt, und der von Lucas Cranach d. J. bemalte Altar.
An der Marienkirche 3, D-29410 Hansestadt Salzwedel; Tel. +49 (0)3901 423380, Di-Fr: 13-16.30 Uhr, Sa-So, Feiertage: 13-17 Uhr; Gruppen nach Absprache auch außerhalb der Öffnungszeiten; www.museen-altmarkkreis.de

Mönchskirche

Am Nordrand der Altstadt befindet sich die ehemalige Klosterkirche des Franziskanerordens, die heute als Konzerthalle und Ausstellungsraum dient. Die Anfänge des Klosters gehen ins 13. Jahrhundert zurück, als überall in Europa die Bruderschaften des heiligen Franziskus entstanden. Der letzte Mönch starb 1552, danach wurde das Kloster aufgehoben.
An der Mönchskirche, D-29410 Hansestadt Salzwedel; Tel. +49 (0)3901 250110; April bis Okt.: Di-So: 13.30–16.30 Uhr, Nov. und Dez.: Sa-So: 13.30-16.30 Uhr

Burggarten mit Mönchskirche

Katharinenkirche

Die im 13. Jahrhundert gebaute und im 15. Jahrhundert umgestaltete Katharinenkirche ist vor allem wegen der bemalten Chorfenster, der Figur der heiligen Katharina und dem sogenannten Einhorn-Altar berühmt geworden. Der bemalte Schnitzaltar von 1474 gelangte aus der Klosterkirche Dambeck nach Salzwedel. Er zeigt Mariä Verkündung. Das Einhorn hatte angeblich großes Vertrauen zu Jungfrauen. Als es vom Erzengel Gabriel gejagt wurde, kam es zu Maria.
Das Einhorn, am Schloss zu sehen, steht symbolisch für Christus. Eine Führung durch den Kirchenraum erlebt man wie einen Lebenskreislauf von der Geburt bis zum Tod und weiter zur Auferstehung durch das Leben der Kinder. Die Katharinenkirche wird gegenwärtig von der evangelischen Kirchengemeinde genutzt.

An der Katharinenkirche 1, D-29410 Hansestadt Salzwedel; Tel. +49 (0)3901 3059050; Mo-Fr: 9-15 Uhr, Sa: 10-12 und 14-16 Uhr; So: Gottesdienst um 10.30 Uhr; Führung und Orgelmusik auf Anfrage

Touristeninformation **i**

Neuperverstr. 29
D-29410 Hansestadt Salzwedel
Tel. +49 (0)3901 422438
www.salzwedel.de oder
www.kultur-saw.de

Arendsee (Altmark) Wo die adligen Damen promenierten

Der Ort Arendsee liegt im äußersten Norden des heutigen Bundeslandes Sachsen-Anhalt zwischen Salzwedel und Havelberg am gleichnamigen See. Die durchschnittliche Tiefe des Arendsees beträgt ca. 23 Meter, die größte 48 Meter. Die malerisch am See entlang gelegene Kleinstadt, heute als Luftkurort ausgewiesen, hat ca. 3000 Einwohner.
Die vornehmen Damen und werten Herren können wie vor hundert Jahren am See entlang promenieren. Arendsee ist als Ferien- und Urlaubsort für Schüler sowie für Familien mit Kindern ebenso bestens geeignet. Im Frühjahr und Herbst ist der Ort auch bei Wanderern besonders beliebt.

Rechts: Glockenturm der Klosterkirche St. Marien, unten: Klosterruinen in Arendsee

Rund um die Romanik

Klosterkirche St. Mariae, St. Johannis und St. Nikolai

1183 stiftete Markgraf Otto I., Sohn Albrechts des Bären, ein Benediktinerinnenkloster am Arendsee. 1185 begann man mit dem Bau der Klosterkirche St. Mariae, St. Johannis und St. Nikolai. Als Vorbild dienten vermutlich die Klosterkirchen in Jerichow und in Diesdorf. Einer Urkunde zufolge waren die Mauerarbeiten im Jahre 1208 abgeschlossen. Die Kirche wurde als dreischiffige Pfeilerbasilika aus roten Mauerziegeln errichtet und gegen 1235 gewölbt: mit einem Tonnengewölbe mit Stichkappen in den Seitenschiffen, mit einem Kuppelgewölbe mit Graten über Chor, Mittel- und Querschiff. Im 13. Jahrhundert wurde eine Sakristei hinzugefügt und im 15. Jahrhundert im Winkel zwischen dem südlichen Querschiff und Mittelschiff eine Empore eingebaut. Ansonsten blieb die Kirche in ihren romanischen Formen erhalten. Das Gebäude beeindruckt durch die Sorgfalt des Backsteinmauerwerks und seinen Bauschmuck.

Das Kloster bestand bis 1540, nach der Reformation als weltliches Damen-

Über Nacht

★★★★ Hotel Deutsches Haus
Friedensstraße 91
D-39619 Arendsee (Altmark)
Tel. +49 (0)39384 2500
www.dh-arendsee.de

Ferienwohnung
Klaus Lühe
Alte Poststraße 23
D-39619 Arendsee (Altmark)
Tel. +49 (0)39384 2627

stift für die Angehörigen des Adels bis 1812.
Mitte des 19. Jahrhunderts begann man, die Kirche grundlegend zu restaurieren. Das vorher vermauerte Querhaus wurde geöffnet, die barocken Elemente der Raumgestaltung entfernt und die westliche Fassade neugestaltet. Die beschädigten Fassadenelemente wie Friese und Lisenen wurden ergänzt.
Zur Ausstattung der Kirche gehört neben einem spätromanischen Taufstein auch der Altar aus dem 13. Jahrhundert mit einem um 1380 entstandenen Altaraufsatz zum Thema Marienkrönung. Der Kruzifixus aus Eichenholz stammt ebenfalls aus dem 13. Jahrhundert.
Am See 3, D-39619 Arendsee (Altmark); Tel. +49 (0)39384 2479; +49 (0)39384 2226; www.klosterarendsee.com

Innenraum der Kirche St. Mariae, St. Johannis und St. Nikolai

Die Legende vom versunkenen Schloss von Arendsee

An der Stelle, wo jetzt der See und der Ort Arendsee liegen, stand vor Jahrhunderten ein großes Schloss. Es ging urplötzlich unter, nur ein Ehepaar konnte sich retten. Die Frau war über das Verschwinden der vertrauten Umgebung äußerst verwundert und schrie aufgeregt: „Arend see!“ („Arend, sieh!“ Arend war der Name ihres Ehemanns). Darum nannte man später das Städtchen und den See Arendsee.

Im Arendsee findet man übrigens feinsten weißen Sand. Wenn die Sonnenstrahlen die Wassertiefe durchdringen und den Sand erhellen, sollen noch alte Mauern des versunkenen Schlosses erkennbar sein. Es heißt auch, einige Raufbolde hätten einmal versucht, den Seegrund zu erforschen, indem sie ein Seil ins Wasser ließen. Als sie das Seil herauszogen, fand sich daran ein Zettel mit der Botschaft: „Lasset ab von eurem Unternehmen, sonst wird eurem Ort widerfahren, was diesem geschehen ist!"

Weitere Sehenswürdigkeiten

Bockwindmühle

Die Bockwindmühle ist der älteste Windmühlentyp in Europa und seit dem Mittelalter bekannt. Bei der Besichtigung der Bockwindmühle in Arendsee, einer restaurierten Mühle aus dem Jahre 1731, staunt man über die Kenntnisse unserer Vorfahren zur Energiegewinnung: Das Mühlenhaus steht auf einem dicken Pfahl, der in einem stabilen hölzernen Gestell, Bock bezeichnet, befestigt ist. So kann die Mühle durch eine Hebevorrichtung in den Wind gedreht werden.

Alte Poststraße 23, D-39619 Arendsee (Altmark); Tel. +49 (0)39384 2627 (Klaus Lühe)

Die restaurierte Bockwindmühle in Arendsee von 1731

Genuss-Tipp

Restaurant & Pension Zur Wildgans
Dorfstraße 8
D-39619 Ziessau
Tel. +49 (0)39384 971197
www.zur-wildgans.de

Touristeninformation

Töbelmann-Straße 1
D-39619 Arendsee (Altmark)
Tel. +49 (0)39384 27164
www.luftkurort-arendsee.de

Beuster
Mit dem Fahrrad zum Gottesdienst

Beuster liegt sechs Kilometer nördlich von der Hansestadt Seehausen (Altmark) und ist seit 2010 ein Ortsteil dieser Stadt. Außerdem befindet sich Beuster an einem Altarm der Elbe und grenzt im Norden an die Wische, ein Überschwemmungsgebiet der Elbe. Hier verläuft der Elbe-Radweg, und mehrere Kirchen in der Umgebung sind als „Radl-Kirchen" ausgewiesen, d. h. es sind Fahrradständer an der Kirche vorhanden, und die übliche Bekleidung der Fahrradfahrer wird auch in den Kirchenräumen akzeptiert. Eine sehr engagierte Dorfgemeinschaft in Beuster bemüht sich um die Rettung der Baudenkmäler der Region.

Rund um die Romanik

Stiftskirche St. Nikolaus

Bereits seit über zehn Jahren laufen in Beuster die Restaurierungsarbeiten an der romanischen Backsteinkirche. Die Abmessungen des Gebäudes, etwa

Ansicht der Kirche St. Nikolaus in Beuster von Norden

37 Meter Länge und 16,5 Meter Breite, lassen sofort erahnen, dass es sich nicht um eine Dorfkirche handelt. Bis zum Jahr 2005 waren jedoch nur spärliche Fakten über den Ort Beuster und die Kirche St. Nikolaus bekannt. Dann aber entdeckten die Historiker Hupasch und Schulze eine Urkunde von 1174, in der Kaiser Friedrich Barbarossa dem Bischof Hugo von Verden die Grenzen seiner Diözese mit dem Stift Beuster bestätigt. Es ist dadurch gesichert, dass ein Augustiner Chorherrenstift in Beuster schon vor 1174 existiert hat.
Von den Bauten aus der romanischen Zeit ist die Stiftskirche erhalten geblieben, eine dreischiffige Basilika. Ihr Mittelschiff ist etwa doppelt so hoch wie die Seitenschiffe. Über den Seitenschiffen sind in regelmäßigen Abständen jeweils vier Rundbogenfenster angeordnet. An das Mittelschiff schließt sich im Osten ein hoher Chor mit einer halbrunden Apsis an. Dendrochronologische Untersuchungen der Dachbalken im Chor bestätigten, dass das Holz für die Dachkonstruktion um 1172 gefällt wurde. Die Wölbungen im Bereich des Langhauses und im Chor sind im 14. Jahrhundert angebracht worden.
Zu den Ausstattungsobjekten aus der Zeit um 1200 gehört eine steinerne Taufe.
Schulhof 5, D-39615 Hansestadt Seehausen; Informationen und Führungen: Evangelisches Pfarramt Tel. +49 (0)39397 97458; www.foerderverein-beuster.de

Über Nacht

★★★★ Hotel Alanda
Große Brüderstraße 7/8
D-39615 Hansestadt Seehausen (Altmark)
Tel. +49 (0)39386 79770
www.hotel-alanda.de

Genuss-Tipp

Forsthaus Barsberge
D-39615 Hansestadt Seehausen (Altmark)
Tel. +49 (0)39386 51516

Touristeninformation

Schulstraße 6
D-39615 Hansestadt Seehausen (Altmark)
Tel. +49 (0)39386 54783
www.stadt-seehausen.de

Havelberg Alljährlicher Heiratsmarkt

Havelberg liegt an der Havel, etwa zwölf Kilometer vor dessen Einmündung in die Elbe. Die Stadt war im Mittelalter ein wichtiger Ort und Bischofssitz. Davor hatten sich in dieser Gegend einige slawische Stämme, u. a. Liutizen, Brizanen und Wenden, angesiedelt, da die Lage an einem Hügel über dem Fluss sehr günstig war. An dem steil zur Havel abfallenden Hügel (heute Domberg) befand sich ein slawisches Heiligtum. Um die heidnischen Bräuche zu unterbinden, zerstörte Otto I. im Jahre 948 das Heiligtum der Slawen und gründete an dieser Stelle ein Missionsbistum. Nach 35 Jahren ging das Bistum beim Wendenaufstand unter. Erst 1148 wurde der heilige Berg von Markgraf Albrecht I. dem Bären zurückerobert.
1358 wurde Havelberg Mitglied der Hanse. Ab dem Jahr 2008 schließlich führt die Stadt auch wieder den ehrwürdigen Zusatz „Hansestadt".

Ansicht der Stadt Havelberg mit der Stadtkirche St. Laurentius

1716 trafen sich in Havelberg der russische Zar Peter der Große und der preußische König Friedrich Wilhelm I., wobei es um einen Geschenketausch ging. Der Preußenkönig übergab das Bernsteinzimmer und erhielt dafür Soldaten, die später als „lange Kerls" in die Geschichte eingingen.

Rund um die Romanik

Dom St. Marien

Um 1150 begann man mit den Bauarbeiten, 1170 dann konnte der Dom durch Erzbischof Wichmann von Magdeburg geweiht werden. Zunächst wurde er als langgestreckte dreischiffige flachgedeckte Basilika mit halbrunder Apsis und wehrhaftem Westwerk aus behauenem Grauwacke-Bruchstein errichtet. Nach kurzer Zeit erhielt das rund dreißig Meter breite und sechs Meter tiefe Westwerk, das bis dahin mit einem umlaufenden Zinnenkranz endete, noch ein Glockengeschoss (der jetzige Turmabschluss kam erst 1907 hinzu). Das Westwerk diente im Mittelalter bei einer Außengefahr zweifellos als Zufluchtsort für Bischöfe und andere Geistliche. Der Eingang zum Westwerk befand sich im Mittelschiff des Domes. An der äußeren Südseite des Westwerks führte nur eine schmale Holztreppe zu einer sechs Meter über dem Erdboden liegenden Tür.

Nach einem Brand im Jahre 1279 folgte ein bis 1330 dauernder Umbau des Domes im gotischen Stil. Dabei kam roter Backstein zum Einsatz. Das Mittelschiff wurde erhöht, die Kreuzrippengewölbe wurden eingefügt. Anstelle der halbrunden Apsis entstand eine polygonale. Im Grundriss und im baulichen Kern blieb der Dom jedoch unverkennbar romanisch. Gleichzeitig wurden südlich des Domes die Gebäude des Prämonstratenser-Domherrenstifs angebaut oder umgestaltet. Der zweigeschossige Ostflügel mit Kapitelsaal, Dormitorium und Küche existierte vermutlich schon um 1170: Hier sind heute noch mehrere romanische

Sandsteinrelief am Lettner im Dom von Havelberg

Bauelemente wie Rundbogenfenster, Ecklisenen und Konsolfriese zu sehen. Ein mehrfach abgestuftes, zweipfortiges Portal zum Kapitelsaal hin ist ebenfalls romanisch. Die Süd- und Westflügel und das Untergeschoss des östlichen Kreuzgangs gehören zu den frühgotischen Bauwerken. Sie zeigen Spitzbögen und eine deutlich reichere Fassadengliederung.

Um einen besseren Zugang zum Dom zu schaffen, wurde 1840 das Westportal eingebaut und 1907 im neoromanischen Stil umgestaltet. Die heutige Farbgebung des Innenraums geht auf Restaurierungsarbeiten von 1890 zurück.

Die Ausstattung des Havelberger Domes stammt zwar nicht aus seiner Gründungszeit, hat aber einen hohen historischen und künstlerischen Wert. Die hölzerne gotische Triumphkreuzgruppe und das Chorgestühl sind über 700 Jahre alt. Der mit Passionsreliefs und Sandsteinfiguren geschmückte Lettner und die Chorschranken wurden zwischen 1396 und 1411 gefertigt. Im Chor finden sich die etwa einen Meter hohen Sandsteinfiguren, welche einst Teil eines älteren Lettners waren. Bei den Figuren an der Südseite handelt es sich um einen Mönch mit einem Novizen, an der Nordseite um einen Koch mit einem Kellermeister. Sie finden heute als Leuchter Verwendung. Das Grabmal mit der Alabasterfigur des Bischofs Johann von Wöpelitz (gest. 1401) und die Rosenstrauchmadonna verdienen ebenfalls die Aufmerksamkeit der Besucher.

Domstraße 3, D-39539 Hansestadt Havelberg; Evangelisches Dompfarramt: Tel. +49 (0)39387 79104; Informationen und Führungen unter Tel. +49 (0)39387 89380 (Domkantor Herr Gottfried Förster); www.havelberg-dom.de

Weitere Sehenswürdigkeiten

Prignitz-Museum

Drei umfangreiche Exponatesammlungen zu den Fachrichtungen Siedlungsgeschichte der Region und Stadt- und Domgeschichte befinden sich im Prignitz-Museum. Die altersgerecht angepassten Führungen sind für Kinder gleichermaßen interessant wie für Senioren. Die Prignitz ist eine historische Landschaft um Havelberg, früher als Vormark bezeichnet, zu der auch der Nordwesten von Brandenburg und angrenzende Gebiete von Mecklenburg-Vorpommern gehören.

Domplatz 3, D-39539 Hansestadt Havelberg; Tel. +49 (0)39387 21422; April bis Sept.: Di-So: 10-12 Uhr und 13-18 Uhr; Okt. bis März: Mi-So: 10-12 Uhr und 13-17 Uhr; www.prignitz-museum.de

Über Nacht

★★★★ Hotel Am Hafen
Bahnhofstr. 39
D-39539 Hansestadt Havelberg
Tel. +49 (0)39387 72870
info@hotel-havelberg.de
www.hotel-havelberg.de

★★★★ Arthotel Kiebitzberg
Schönberger Weg 6
D-39539 Hansestadt Havelberg
Tel. +49 (0)39387 595151
arthotel@kibitzberg.de
www.arthotel-kibitzberg.de

Stadtkirche St. Laurentius

Die dreischiffige gotische Hallenkirche wurde um 1400 anstelle ihrer Vorläuferin gebaut. Der Westturm und die Ausstattung der Kirche stammen größtenteils aus der Barockzeit. Die Kanzel von 1691 und die bronzene Taufe von 1723 sind von besonderem Interesse.

Propsteiplatz, D-39539 Hansestadt Havelberg; Tel. +49 (0)39387 79104

Genuss-Tipp

Schulze Fischerstube
Havelweg 7
D-39539 Hansestadt Havelberg
Tel. +49 (0)39382 7377
www.fischerstube-warnau.de

Touristeninformation

Uferstraße 1
D-39539 Hansestadt Havelberg
Tel. +49 (0)39387 79091
www.havelberg.de

Sandau (Elbe) In neuem Glanz

Sandau liegt etwa vier Kilometer südlich von Havelberg und ist mit seinen etwa 900 Einwohnern die kleinste Stadt im Bundesland Sachsen-Anhalt und auch eine der kleinsten in Deutschland überhaupt. Die erste Erwähnung des Dorfes findet sich unter dem Namen Sandowe in einer spätestens 1192 ausgestellten Urkunde. 1272 erhielt Sandau von den askanischen Markgrafen die Stadtrechte und die Erlaubnis zum Betrieb einer „Freien Fähre" über die Elbe.

Rund um die Romanik

Kirche St. Nikolaus und St. Laurentius

Die um 1200 entstandene Kirche wurde dem Heiligen St. Nikolaus und St. Laurentius geweiht. Die äußere Gliederung zeigt sich als vereinfachte Variante der Klosterkirche in Jerichow und hat einige Gemeinsamkeiten mit der Kirche in Schönhausen. Die Kirche in

Ansicht der Stadt Sandau vom Ufer der Elbe

Sandau wurde aus roten Backsteinen als dreischiffige Basilika ohne Querschiff mit einem im Grundriss längsrechteckigen Chor und einer halbkreisrunden Apsis errichtet. Im Westen erhebt sich ein angebauter massiger Turm, der in seiner Breite die Fluchtlinien der Seitenschiffe überragt. Das Langschiff ist flachgedeckt, der Chor besitzt ein zweijochiges Kreuzrippengewölbe über Konsolen. Gravierende Schäden an der Kirche entstanden durch einen Brand im 17. Jahrhundert. Danach folgte um 1695 eine Instandsetzung mit einigen barocken Änderungen. Eine Restaurierung von 1858/59 befreite das Kirchengebäude von etlichen barocken Elementen, um den ursprünglichen romanischen Charakter des Baus hervorzuheben.
Am schwersten waren die Zerstörungen im Zweiten Weltkrieg. Zwölf Tage lang dauerte der Artilleriebeschuss vom linken Ufer der Elbe durch US-Truppen, bevor diese die Stadt am 25. April besetzten. Die Kirche brannte aus, und ihr Glockenturm stürzte bis zur Hälfte ein. 1958 wurde mit dem Aufbau der Kirche begonnen, und nach zwanzig Jahren Restauration und Rekonstruktion war der Altarraum wiederhergestellt. Heute ist die Instandsetzung des eigentlichen Kirchenbaus abgeschlossen, die Aufbauarbeiten am Turm werden aber noch fortgeführt.
Kirchberg 1, D-39524 Sandau (Elbe); keine festen Öffnungszeiten; Führungen nach Absprache mit dem Pfarrer: Tel. +49 (0)39383 5119

Historisches Siegel der Stadt Sandau (Elbe) von 1910

Über Nacht

Pension Schock
Kirchstraße 2
D-39524 Sandau (Elbe)
Tel. +49 (0)39383 360

Genuss-Tipp

Café & Pension
Vor dem Schleusetore 1
D-39524 Sandau
Tel. +49 (0)172 3410318
www.little-boom-ranch.de

Touristeninformation

Marktstraße 2
D-39524 Sandau (Elbe)
Tel. +49 (0)39383 60915
www.sandauelbe.homepage.t-online.de

Schönhausen (Elbe)
Geburtsort Bismarcks

Schönhausen gehört zum Landkreis Stendal und befindet sich auf halbem Wege zwischen Stendal und Rathenow. Der Ort liegt etwa 70 Kilometer nördlich von Magdeburg. Schönhausen wurde 1202 in einem Verzeichnis havelbergischer bischöflicher Güter erstmals erwähnt. Sehr wahrscheinlich wurde der Ort von niederländischen Siedlern gegründet, die hier im Mittelalter die hochwassergefährdete Elbaue durch Deichbauten urbar machen sollten.

Rund um die Romanik

Kirche St. Marien und St. Willibrord

Die romanische Backsteinkirche, eine dreischiffige Basilika ohne Querschiff, ist das älteste Bauwerk des Ortes. Im Osten schließt sich der im Grundriss quadratische Chor an, dem eine halbrunde Apsis angeglie-

Ansicht der Kirche St. Marien und St. Willibrord von Südwesten

dert ist. Im Westen wurde an das Langschiff ein breiter Glockenturm mit zehn rundbogigen Schallöffnungen angebaut. Die Kirche wurde 1212 von Bischof Segebodo von Havelberg dem Heiligen Willibrord geweiht. Eine Urkunde darüber fand sich 1712 beim Ersetzen des alten Altars durch einen neuen im Stil des Barocks. Der heilige Willibrord (653–739) war ein sehr angesehener angelsächsischer Missionar, der unter anderem das Benediktinerkloster Echternach im heutigen Großherzogtum Luxemburg gegründet hatte. Oft wird er liebevoll als Apostel der Friesen bezeichnet und insbesondere in Norddeutschland verehrt.
Im Außenbereich ist die Kirche in ihrer spätromanischen Gestalt erhalten geblieben. Nur die Fenster der Seitenschiffe wurden beim Instandsetzen der Kirche nach dem Dreißigjährigen Krieg vergrößert. Zu den wertvollsten Ausstattungsstücken gehören ein spätromanisches hölzernes Kruzifix, das 1212 entstand, also früher als das Halberstädter Triumphkreuz. Kanzel und Altar stammen aus der Zeit des Barocks. Die Sakristei wurde im späten 19. Jahrhundert hinzugefügt.
Schönhausen gehörte seit 1562 dem altmärkischen Adelsgeschlecht von Bismarck. Rund 250 Jahre später, am 1. April 1815, wurde hier auch der spätere Reichskanzler Otto von Bismarck geboren. Er erhielt in der St. Marien und St. Willibrord Kirche von Pastor Petri die Taufe. Zahlreiche Grabdenkmale und Epitaphien der Mitglieder der Familie von Bismarck sind in der Kirche zu finden.
Fontanestraße, D-39524 Hansestadt Schönhausen (Elbe); März bis Okt.: Di-So 10-17 Uhr; Nov. bis März: keine festen Öffnungszeiten; Führungen nach Absprache beim Pfarrbüro: Tel. +49 (0)39323 38206

Über Nacht

Pension Zur alten Linde
Bismarckstraße 9
D-39524 Schönhausen (Elbe)
Tel. +49 (0)39323 38420

Touristeninformation

Touristeninformation
Bismarckstraße 2
D-39524 Hansestadt
Schönhausen (Elbe)
Tel. +49 (0)39323 38874

Wust
Eine Katze im Wappen

Rund zehn Kilometer nordöstlich von Jerichow liegt das Dörfchen Wust, seit 2010 ein Ortsteil der Gemeinde Wust-Fischbeck. Wust ist nicht nur durch seine mittelalterliche Kirche, sondern auch als einer der Wohnsitze des altmärkischen Adelsgeschlechts von Katte bekannt. Es wird vermutet, dass die Familie Katte, in einigen Urkunden Katt oder Cate geschrie-

Ansicht der Dorfkirche in Wust von Nordwesten

ben, schon unter König Heinrich I. im 10. Jahrhundert vom Niederrhein in das Elbe-Havel-Gebiet übersiedelte. Da am Niederrhein das Wort „Katze" oft als „Katte" gesprochen wird, sind im Stammwappen der Familie zwei silberne Katzen mit je einer schwarzen Maus im Maul zu sehen. Zum Besitz der Familie von Katte gehörten mehrere Ländereien im Jerichower Land, weshalb die Gegend um Wust scherzhaft Kattenwinkel genannt wird.

Rund um die Romanik

Dorfkirche Wust

Wer vor dem Eingang an der Westseite der Kirche steht, dem fällt es leicht, das Gebäude ins 17. oder 18. Jahrhundert zu datieren: Die Kirche hat einen Fachwerkturm mit einer barocken Haube. Doch ein Rundgang um die Kirche lässt sofort an die schon gesehenen romanischen Backsteinkirchen etwa in Diesdorf, Arendsee oder Sandau denken. Die Dorfkirche in Wust wurde fast gleichzeitig mit den oben genannten Kirchen Ende des 12. Jahrhunderts errichtet. Ihr Grundriss zeigt ein schon vielfach gesehenes Schema auf, das aus einem Schiff, einem Chor mit angebauter halbrunder Apsis und einem Westbau besteht. Romanische Elemente der Kirche sind beispielsweise Ecklisenen und Winkelfriese an der Außenseite. Im Inneren der Kirche zieht die bemalte Kassettendecke die Aufmerksamkeit der Besucher auf sich. Motive und Art der Ausführung weisen Ähnlichkeiten mit der flämischen Malerei der Barockzeit auf.

Weitere Sehenswürdigkeiten

Gruft der Familie von Katte bei der Dorfkirche Wust

Der preußische König Friedrich Wilhelm I. war mit seinem Sohn Friedrich mehrmals in Wust zu Besuch, und 1729 freundete sich der Kronprinz mit dem acht Jahre älteren Hans Hermann von Katte an. Der junge Graf

Genuss-Tipp

Gaststätte Exempel
Kirchstraße 40
D-39590 Tangermünde
Tel. +49 (0)39322 44899
www.exempel.de

Gaststätte Zecherei St. Nikolai
Mittelalterliche Speisen und Getränke
Lange Straße 1
D-39590 Tangermünde
Tel. +49 (0)39322 45719
www.zecherei.de

von Katte war zu diesem Zeitpunkt Leutnant des Kürassierregiments und beeindruckte den Kronprinzen durch sein Wissen in Mathematik, Mechanik und europäischer Kultur. Beide hatten auch Interesse an der Musik, insbesondere am Flötenspiel, und an der Dichtkunst. 1730 wollte der 18-jährige Kronprinz Friedrich der strengen Erziehung seines Vaters (den man nicht umsonst „Soldatenkönig" nannte) entkommen und nach Frankreich fliehen. Er weihte seinen Freund von Katte in diese Pläne ein. Hans Hermann von Katte versuchte zunächst, den Kronprinzen von seiner Idee abzubringen. Doch Friedrich ließ sich nicht überreden, so dass Hans Hermann versprach, ihn als seinen wahren Freund zu unterstützen. Im August 1730 versuchte Friedrich auf der Fahrt nach Mannheim, mit seinem Pagen zu fliehen und wurde bald darauf verhaftet. Sein Freund Hans Hermann befand sich zu diesem Zeitpunkt in Potsdam. Durch einen kompromittierenden Brief kam die Tatsache ans Licht, dass von Katte über die Fluchtpläne des Kronprinzen Bescheid gewusst hatte. Man beschuldigte die beiden als Offiziere der Fahnenflucht. Hans Hermann von Katte wurde vor Gericht zu lebenslanger Haft verurteilt. Das Gericht erklärte zudem, für den Kronprinzen Friedrich nicht zuständig zu sein.
König Friedrich Wilhelm I. bestand auf einem Todesurteil für den Freund seines Sohnes und ließ diesen am 6. November 1730 in Küstrin vor den Augen des Kronprinzen enthaupten. Nach einigen Quellen hat Friedrich, der spätere preußische König Friedrich II., das Geschehene nicht wahrgenommen, da er bereits vorher in Ohnmacht fiel. Die sterblichen Überreste des Hingerichteten wurden nach Wust gebracht und in

Gruft der Familie von Katte an der Dorfkirche in Wust

der Familiengruft beigesetzt. Nach diesem tragischen Vorfall gingen Gerüchte um, dass König Friedrich Wilhelm I. den jungen Grafen Hans Hermann von Katte verdächtigt hatte, zum Kronprinzen ein intimes Verhältnis gepflegt zu haben. Friedrich II. besuchte Wust nie wieder. Als König erzielte er große Erfolge als Bauherr sowie auf dem Gebiet der Wissenschaften, der Bildung und der Künste. Als Privatperson war er weniger glücklich und fühlte sich trotz seiner Ehe oft einsam. Manchmal versuchte Friedrich II., dem man den Beinamen der Große gab, durch Flötenspiel und Komponieren seiner Wehmut zu entfliehen. *Hauptstraße, D-39524 Wust-Fischbeck; Besichtigungen von Außen im Sommer jederzeit möglich, Führungen nach Voranmeldung beim Evangelischen Gemeindekirchenrat: Tel. +49 (0)39341 406, +49 (0)39323 61008 oder 61032*

Über Nacht

★★★★ Hotel Schwarzer Adler
Breite Straße 50
D-39524 Wust-Fischbeck
Tel. +49 (0)39323 61520
www.schwarzer-adler-wust.de

★★★★ Ringhotel
Am Amt 1
D-39590 Tangermünde
Tel. +49 (0)39322 7373
www.schloss-tangermuende.de

★★★ Hotel Alte Brauerei
Lange Straße 34
D-39590 Tangermünde
Tel. +49 (0)39322 44145
www.hotel-alte-brauerei.de

Touristeninformation

Karl-Liebknecht-Straße 55
D-39319 Jerichow
Tel. +49 (0)39343 34988
www.jerichow.de

Melkow Bauqualität: 800 Jahre Garantie

Von Wust nach Melkow kann man in nur einer Stunde zu Fuß gelangen. Das Dorf Melkow wurde in historischen Quellen als Milcuni schon 946 genannt. Sowohl der Ortsname als auch die Siedlungsform weisen auf einen slawischen Ursprung hin.

Rund um die Romanik

Dorfkirche Melkow

Mit großem Staunen bleibt man vor der örtlichen Kirche aus romanischer Zeit stehen. Kaum zu glauben, dass diese aus rotem Backstein ausgeführte Kirche über 800 Jahre alt ist. Sie wurde um 1960 restauriert, jedoch nicht verändert. Die äußere Gestaltung des westlichen Kirchenteils macht die Fachbezeichnung „sächsischer Querriegel" verständlich: Wie ein wehrhafter Turm einer Burg schützt der Westbau die weiteren Gebäudeteile – ein Schiff und einen Chor mit halbrunder Apsis. Die Besonderheit der Kirche in Melkow besteht darin, dass der Turm nicht vom

Ansicht der Dorfkirche in Melkow

Schiff abgesetzt ist, wodurch noch mehr Monumentalität vermittelt wird. Das Mauerwerk besticht durch seine sorgfältige handwerkliche Qualität. Ecklisenen und Backsteinfriese sind beinahe die einzigen gliedernden Elemente der Außenwände. Die Zierfriese ähneln solchen an den Kirchen in Diesdorf, Schönhausen und Wust. Hochsitzende, kleine Rundbogenfenster lassen erahnen, wie wertvoll Glasscheiben im Mittelalter waren. An der Außenseite der Backsteinmauer sind die Spuren des mittelalterlichen Baugerüstes sichtbar. Auffallend sind auch die Schürfungen an den Außenmauern – sie könnten mit einer Tradition verbunden sein: Kirchengebäude galten im Mittelalter als heilig und wundertätig, deshalb wurde das von der Kirchenwand abgeschürfte Steinmehl dem Viehfutter beigemischt, um erkrankte oder geschwächte Tiere zu stärken. Auch kranke Menschen nahmen solche Medizin ein. Nach der Reformation und der Aufhebung des Klosters übernahm das Landesherrliche Amt Jerichow die Patronatsherrschaft. Seit 1726 fungierte die Familie von Katte als Patronatsherr. Im Turm hängen zwei Glocken aus dem 14. und 15. Jahrhundert, die jedoch zurzeit nicht geläutet werden können. Im Inneren der Kirche ist eine Ausstellung zum Thema „Romanische Kirchen im Elbe-Havel-Gebiet" untergebracht.
Kleine Straße, D-39524 Wust-Fischbeck OT Melkow; Besichtigungen von außen jederzeit möglich, Führungen nach Voranmeldung beim Evangelischen Gemeindekirchenrat: Tel. +49 (0)39341 406 oder +49 (0)173 9878613 täglich 10-17 Uhr

Genuss-Tipp

Gaststätte & Pension Stadt Braunschweig
Große Straße 17
D-39524 Höhengören
Tel. +49 (0)39323 75659

Touristeninformation

Karl-Liebknecht-Straße 55
D-39319 Jerichow
Tel. +49 (0)39343 34988
www.jerichow.de

Jerichow
Weißes Ordensgewand

Jerichow ist eine rund tausend Einwohner zählende Kleistadt an einem alten Elbarm. Die Gegend um Jerichow stand nach dem Slawenaufstand von 983 nicht unter deutscher Verwaltung. Nach 1140 begann eine neue Gründungswelle von Rittergütern, Klöstern und Bistümer im Umland von Jerichow und von Havelberg. Als Missionsstützpunkt diente das Kloster Jerichow, das im 13. Jahrhundert auch das Stadtrecht erhielt. Die Gebiete um Jerichow sind heute noch fast so dünn besiedelt wie im Mittelalter. Die Straße der Romanik trifft in Jerichow auf den St. Jakobus-Pilgerweg.

Ansicht des Jerichower Klosters St. Marien und St. Nikolaus vom Klostergarten

Rund um die Romanik

Kloster St. Marien und St. Nikolaus

Das ehemalige Kloster gehört zu den bekanntesten Backsteinbauten östlich der Elbe und fehlt in keinem kunsthistorischen Lexikon. Im Jahre 1144 gründete Graf Hartwig von Stade, zu dem Zeitpunkt Domherr in Magdeburg, ein Prämonstratenser-Chorherrenstift in Jerichow, in das mehrere Mönche des Magdeburger Liebfrauenklosters versetzt wurden. Solche Chorherren- oder Chorfrauenstifte dienten als Zentren der christlichen Kultur. Die Ordensbrüder oder -schwestern lebten fast wie Mönche bzw. Nonnen, konnten jedoch unter bestimmten Bedingungen das Stift verlassen und am weltlichen Leben teilnehmen. Das erste Stiftsgebäude befand sich im Bereich der jetzigen Stadtkirche von Jerichow.

Vier Jahre später wurde das Stift wegen Platzmangels und Lärms an den Markttagen an eine andere Stelle, etwa einen Kilometer nordwestlich und außerhalb des Wohngebiets, verlegt. Vermutlich wurden auf dem Grundstück zunächst die Fundamente der Umfassungsmauer und der Kirche aus Grauwacke-Bruchstein gelegt. Heute noch fällt am Kirchengebäude dieser Sockelbereich aus Naturstein auf. Dann aber wurde das Baumaterial gewechselt, alle weiteren Mauerarbeiten erfolgten in rotem Backstein. Ob Mangel an entsprechend ausgebildeten Handwerkern, fehlende Werkzeuge oder die Schwierigkeiten beim Transportieren von Baumaterialien den Wechsel notwendig machten, lässt sich nicht eindeutig

Der Kreuzgang des Klosters in Jerichow

Genuss-Tipp

Merländers Eiscaf und Restaurant
Karl-Liebknecht-Straße 66
D-39319 Jerichow
Tel. +49 (0)39343 255
Voranmeldung erwünscht

sagen, denn Archiv und Bibliothek des Klosters sind verschollen. Vermutlich führten aus Oberitalien eingeladene Bauleute den Kirchenbau durch. Die Kirche war am Anfang als turmloses, im Grundriss kreuzförmiges Gebäude geplant. Während die Westtürme der Jerichower Stiftskirche erst um 1450 vollendet wurden, stand die dreischiffige Basilika mit Chor und Apsis bereits im Jahre 1180. Im Inneren der Kirche fällt auf, dass an der Ostwand des Chores über der Apsiswölbung zwei kleine Rundfenster angebracht sind. Sie dienen nicht der Lichtführung, da der Raum durch die größeren Obergadenfenster erhellt ist. Wahrscheinlich sollten die Strahlen der aufgehenden Sonne an einem bestimmten Tag des Jahres auf eine heilige Stelle des Raumes fallen. Bei einigen Kirchen, beispielsweise in Redekin und Pretzien, sind ähnliche Oculi an der Westfassade über dem Eingangsportal eingesetzt. Im März fallen dort die Strahlen der untergehenden Sonne zur Zeit des abendlichen Gottesdienstes auf den Altar. Unter dem Chor und der Vierung befindet sich eine

Unten links: Innenraum der Klosterkirche in Jerichow, unten rechts: moderne Plastik des Ratzeburger Bischofs Isfried von Ratzeburg (gest. 1204)

zweischiffige Krypta. Die Formen der Säulenkapitelle sind sehr interessant: einzelne Verzierungen weisen Ähnlichkeiten mit den romanischen Kapitellen in Frankreich und Italien auf. Unter den Ornamenten sind Palmetten, Knospen und Ranken zu finden. Eine antike Dioritsäule im Osten der Krypta stammt möglicherweise aus dem Magdeburger Dom. Sie gehört zu den Säulen, die während der Regierungszeit Ottos des Großen nach Magdeburg aus Italien gelangt waren. Südlich der Kirche befinden sich die Klausurgebäude, die einen nahezu quadratischen Hof umschließen. Sie entstanden nicht gleichzeitig mit der Kirche: Es wird vermutet, dass die zunächst in Holz- und Fachwerkbauweise ausgeführten Klausurgebäude schrittweise durch die steinernen Bauten ersetzt wurden, die heute noch stehen. Ein Klostergarten gewährt interessierten Besuchern Einblicke in die Ernährungsweise der Mönche, in mittelalterliche Pflanzmethoden und Kräutervielfalt.

Museum Kloster Jerichow: Am Kloster 1, D-39319 Jerichow; Tel. +49 (0)39343 92660; Apr. bis Okt.: tägl. 10-17 Uhr, Nov. bis März: Di-So: 10-16 Uhr; www.stiftung-kloster-jerichow.de

Innenhof des Jerichower Klosters vom Kreuzgang gesehen

Über Nacht

Poeges Hotel
Johannes-Lange-Str. 1
D-39319 Jerichow
Tel. +49 (0)39343 444

Touristeninformation

Karl-Liebknecht-Straße 55
D-39319 Jerichow
Tel. +49 (0)39343 34988
www.jerichow.de

Redekin Spuren von Sonnenuhren

Das nur fünf Kilometer von Jerichow entfernte Dorf Redekin ist seit 2010 ein Ortsteil der Stadt Jerichow und leicht mit dem Rad oder zu Fuß zu erreichen. Redekin ist bei großen und kleinen Radfahrern gleichermaßen beliebt.

Rund um die Romanik

Dorfkirche Redekin

Das Äußere der Kirche in Redekin weist viele charakteristische Details auf, die auch die Kirchen in Schönhausen, Sandau und Melkow auszeichnen. An der südöstlichen Ecklisene des Kirchenschiffs entdeckt der aufmerksame Betrachter Spuren zweier in Backstein eingeritzter Sonnenuhren. Eine Sonnenuhr war an jedem mittelalterlichen Kirchengebäude angebracht, da die Gottesdienste in Kirchen wie auch die Mönchsgebete in Klöstern zu einer bestimmten Tageszeit

Dorfkirche in Redekin von Südosten

stattfanden. Der lichte Tag und die Nacht wurden im Mittelalter in zwölf Stunden unterteilt, die Stunden entsprechend ab dem Sonnenaufgang gezählt, so dass der Mittag auf 6 Uhr, der Sonnenuntergang auf 12 Uhr fiel. Eine Tagesstunde dauerte also im Sommer länger und im Winter kürzer. Ein gestuftes Rundbogenportal an der Westseite der Kirche dient als Haupteingang. Links und rechts davon befinden sich runde Fenster. An der Südseite ist noch eine schmale und niedrige Priesterpforte mit einer original erhaltenen mittelalterlichen Holztür zu sehen. Zwei dicke Bretter, die das Türblatt bilden, zeigen spitzbogenförmige Zierelemente. Ein Rosenstrauch neben dem Chor und eine botanische Beschreibung der *Rosa damascena* erinnern an die Zeit der Romanik, in der viele heute weit verbreitete Pflanzen wie beispielsweise Obstbäume, Heilkräuter und Rosen von den Mönchen in diese Gegend gebracht wurden.

Wie viele andere Kirchen beherbergt auch die Kirche in Redekin mehrere Grabmale, die an die früheren Herrschaften erinnern.

Im Glockenturm befinden sich zwei Glocken aus dem 15. Jahrhundert.

Wilhelm-Külz-Straße 9, D-39319 Jerichow; Besichtigungen von außen jederzeit möglich, Führungen ab zehn Personen nach Voranmeldung tägl. 10-17 Uhr: Tel. +49 (0)39343 256 oder +49 (0)39341 414; www.redekin.de oder www.kirchenkreis-stendal.de

Über Nacht

Camping
Touristenzentrum Zabakuck
Am See
D-39307 Jerichow
Tel. +49 (0)39348 9390
www.touristenzentrum-zabakuck.de

Genuss-Tipp

Gaststätte Zur Eiche
Parkstraße 14
D-39319 Jerichow
Tel. +49 (0)39341 94172

Touristeninformation

Karl-Liebknecht-Straße 55
D-39319 Jerichow
Tel. +49 (0)39343 34988
www.jerichow.de

Altenplathow Stammsitz der Familie von Plotho

Altenplathow hat rund 3000 Einwohner und ist seit 1923 ein Stadtteil von Genthin. Mit der etwa einen Kilometer entfernten Stadtmitte von Genthin ist Altenplathow über die Bundesstraße 107 verbunden, die den Elbe-Havel-Kanal überquert und durch Jerichow sowie Havelberg verläuft. Im Wappen der Stadt Genthin ist die Figur der Gottesmutter Maria abgebildet, im Familienwappen von Plotho verweist eine Schwertlilie ebenfalls auf die Marienverehrung. Man könnte sich fragen: Stand hier vielleicht irgendwo eine bislang nicht entdeckte St. Maria-Kirche?

Dorfkirche in Altenplathow

Rund um die Romanik

Der romanische Figurengrabstein

Die Geschichte von Altenplathow ist eng mit dem Adelsgeschlecht von Plotho verbunden, das hier seinen Stammsitz hatte und das Gebiet im Umkreis von dreißig Kilometern um Altenplathow herum

beherrschte. Die Familie von Plotho hat wahrscheinlich wendische, also slawische Vorfahren, die hier auf einer Wasserburg zwischen zwei Armen des Flusses Stremme im 10. Jahrhundert ansässig waren. Der Name der Burg Plothe wird durch die Übersetzung ähnlicher Wörter aus einer slawischen Sprache, etwa dem Russischen, leichter verständlich:
plot - Floß;
plotina - Damm;
plotno - dicht, fest;
oplot (altruss.) - Bollwerk, Hochburg.
Urkundlich werden erstmals 1135 Hermannus de Plothe als Zeuge des Erzbischofs Conrad von Magdeburg und 1171 Johannes Herr zu Plothe erwähnt. Die Brüder Johann und Gebhard von Plothe besaßen 1237 in Kyritz eine Münzprägestätte. Als 1294 Wolf von Plotho ohne männlichen Erben starb, gelangte die Wasserburg in Altenplathow in den Besitz des Bistums Magdeburg. Als Verwalter fungierten zunächst die Brüder Rosenburg, ab 1335 die Familie von Bredow. Fast geriet das Adelsgeschlecht von Plotho in Vergessenheit. Doch beim Abriss der alten Kirche im Jahre 1905 wurde das Grabmal des 1170 verstorbenen Burgherrn Hermann von Ploto aufgefunden. Heute ist der romanische Figurengrabstein als der älteste erhalten gebliebene Grabstein im Elbe-Havel-Gebiet anerkannt und zu einer Sehenswürdigkeit an der Straße der Romanik geworden. Der Verstorbene ist stehend und geradeaus blickend in Frontalansicht abgebildet. Die Figur wurde als altertümliches

Über Nacht

★★★ Hotel & Restaurant
Stadt Genthin
Mühlenstraße 3
D-39307 Genthin
Tel. +49 (0)3933 90090
www.hotel-stadt-genthin.de

Ferienwohnung Koch
Lindenstraße 13
D-39307 Kade
Tel. +49 (0)39347 50085

Innenansicht der Dorfkirche in Altenplathow

Hochrelief ausgearbeitet, Details sind durch einzelne Ritzungen angedeutet. Zweige der Familie von Plotho bestehen bis heute.
Die heraldische Schwertlilie (Iris) aus dem Familienwappen der Herren von Plotho taucht heute in einigen Kreis-, Stadt- und Gemeindewappen im nördlichen Brandenburg und in Sachsen-Anhalt auf, etwa in Elbe-Parey und in Reesen bei Burg. Die weiße Iris, als Madonnen-Lilie bekannt, symbolisierte Reinheit und war für Christen ein Attribut der Jungfrau Maria. Deshalb findet sich die Iris sowohl auf dem Wappen von Plotho als auch auf dem Wappen der französischen Könige (in Gestalt der Bourbon-Lilie). Die drei Blütenblätter der Lilie wurden als die Heilige Dreifaltigkeit des Vaters, des Sohnes und des Heiligen Geistes gedeutet. Die zweischiffige Kirche in Altenplathow wurde 1902 bis 1904 als Backsteinbau im neugotischen Stil errichtet. Spärliche Fragmente einer Mauer südlich dieser Kirche erinnern an den romanischen Vorgängerbau aus Feldstein. Im Seitenschiff der neuen Kirche, in der ehemaligen Sakristei, befindet sich heute der Grabstein des ehemaligen Burgherrn. Zum dreistimmigen Geläut der Altenplathower Kirche gehört eine Bronzeglocke von 1554. Die Orgel wurde von der Orgelbaufirma Haerpfer um 1890 für Bitche in Lothringen geschaffen und kam 1938 nach Altenplathow.
Evangelische Kirche Altenplatow: Altenplatower Straße 74, D-39307 Genthin; keine festen Öffnungszeiten; Besichtigungen und Führungen in deutsch und englisch: tägl. 12-14 Uhr, Voranmeldung beim Evangelischen Pfarramt: Tel. +49 (0)3933 3605

Romanischer Grabstein des Herrn von Plotho

Weitere Sehenswürdigkeiten

Stadtmitte Genthin

Auf dem Marktplatz in Genthin steht die markante Persil-Uhr. Ab dem Jahre 1923 produzierte die Firma Henkel in Genthin das Waschmittel „Persil". Als dieses Unternehmen im Jahre 1990 ein neues Werk in Genthin eröffnete, schenkte es der Stadt die dunkelgrüne Standuhr mit der auffälligen Reklame-Figur, die „schlanke Mathilde" genannt wird. Solche Persil-Uhren befinden sich außerdem in Wismar, Flensburg, Lünen und Oelsnitz. Heute produziert Henkel nicht mehr in Genthin, die Persil-Uhr blieb jedoch am Marktplatz erhalten. Sie wird von den Touristen fast öfter fotografiert als das inoffizielle Wahrnzeichen der Stadt, der 48 Meter hohe Wasserturm aus dem Jahre 1930 in der Bergzower Straße. Wie jede Stadt verfügt auch Genthin über eine Stadtkirche und ein Rathaus. In der Hagenstraße 1 findet sich ein schönes weißes Haus, anscheinend ein Wohngebäude des 19. Jahrhunderts. Dort sind zurzeit Werkstätten für behinderte
Menschen untergebracht.

Marktplatz, D-39307 Genthin

Die sogenannte Persil-Uhr in der Stadtmitte von Genthin

Genuss-Tipp

Hotel & Gaststätte Müller
Ziegeleistraße 1
D-39307 Genthin
Tel. +49 (0)3933 96900
info@hg-mueller.de

Touristeninformation

Bahnhofstraße 8
D-39307 Genthin
Tel. +49 (0)3933 802225
Tel. +49 (0)3933 19433
www.touristinfo-genthin.de

Burg (bei Magdeburg) Stadt der Türme

Burg liegt etwa 25 Kilometer nordöstlich von Magdeburg an der Ihle. Die Stadt hat rund 24.000 Einwohner und ist die Kreisstadt des Landkreises Jerichower Land. In keiner anderen Stadt der Gegend finden sich mehr historische Turmbauten als in Burg. Aus diesem Grund nennt man Burg auch „Stadt der Türme".
Ein Burgward am Übergang über die Ihle wurde schon 948 in der Stiftungsurkunde Kaiser Ottos I. für das Bistum Brandenburg erwähnt. Aus der auf einer Anhöhe liegenden Burgsiedlung hat sich die Oberstadt mit der Pfarrkirche Unser Lieben Frauen gebildet. Südwestlich davon lag die Unterstadt (Neustadt) mit der Kirche St. Nikolai, und zwischen Ober- und Unterstadt befand sich eine ältere slawische Siedlung mit der Petrikirche und einem Fischmarkt. Im 13. Jahrhundert entstand eine gemeinsame Stadtmauer mit fünf Haupttoren. Von diesen Toren ist das Brandenburgische – heute als Berliner Tor bezeichnet – erhalten geblieben.

Spätromanische Kirche St. Petri in der Franzosenstraße

Die Ansiedlung von Flamen unter Markgraf Albrecht dem Bären und dem Erzbischof von Magdeburg Wichmann von Seeburg bescherte der Stadt Burg (damals noch Borg genannt) einen wirtschaftlichen Aufschwung. Diese Kolonisten brachten Kenntnisse der Tuchmacherei, des Bierbrauens und der Wasserregulierung in die neue Heimat mit, und bald wurde Burg durch den Handel mit Textilien und Weizen bekannt und wohlhabend. Die Umgebung von Burg bekam bereits um 1500 den Namen Fläming, wie eine historische Landkarte beweist.

Über Nacht

★★★★ Hotel
und Restaurant Wittekind
An den Krähebergen 2
D-39288 Burg
Tel. +49 (0)3921 92390
www.hotel-wittekinburg.de

★★★ Hotel/Pension
Villa Wittstock
Blumentaler Landstraße 7
D-39288 Burg
Tel. +49 (0)3921 988987
www.villawittstock.de

Rund um die Romanik

Kirche Unser Lieben Frauen

Die heutigen Stationen der Straße der Romanik in Burg – die Kirchen Unser Lieben Frauen und St. Nikolai – fanden bereits in einer Urkunde von 1186 Erwähnung. Die Kirche Unser Lieben Frauen, auch Oberkirche genannt, überstand die Jahrhunderte nicht unverändert: Die dreischiffige Hallenkirche wurde mehrfach umgebaut und zeigt Bauelemente und Schmuckformen vieler Kunstepochen von der Gotik über die Renaissance bis zum Barock. Von außen besticht das Steinmauerwerk des Westbaus durch die sorgfältige Bearbeitung der nahezu quaderförmigen Feldsteine. Vom romanischen Vorgängerbau stammen der querrechteckige, zweitürmige Westbau und die halbrunde Apsis. Die auffällig unterschiedlichen Turmhelme wurden 1585 und 1586 aufgesetzt. Der obere Abschluss des Westportals ist stumpfspitzbogig. Das Innere des Westbaus ist in drei Räume gegliedert: Der mittlere hat ein Kreuzgratgewölbe und ist höher als die mit Quertonnen überwölbten seitlichen

Räume. Die Öffnung vom Westbau zum Mittelschiff ist mit einem Spitzbogen abgeschlossen. Ebenfalls spitzbogig sind die Arkaden des Langhauses. Der gotische Umbau der Kirche begann offenbar mit dem Chor, der 1359 erneut geweiht wurde, und endete 1455 mit der Fertigstellung des Langhauses. 1592 bekam der Chor eine Flachdecke anstelle des älteren Gewölbes. Aus dieser Zeit stammen auch weitere Ausstattungsobjekte der Kirche. Zahlreiche Grabdenkmäler und Epitaphe aus dem 17. und 18. Jahrhundert sind erhalten und zeigen barocke Formen.

Das historische Rathaus mit Oberkirche „Unser lieben Frauen" im Hintergrund

Kirchhof-Unser-Lieben-Frauen 1, D-39288 Burg; Mo-Fr 15-17 Uhr; Besichtigung und Führungen auch außerhalb dieser Zeit möglich nach Absprache beim Evangelischen Pfarramt: Tel. +49 (0)3921 944430; www.kirche-in-burg.de

Kirche St. Nikolai

Die Kirche St. Nikolai, auch als Unterkirche bezeichnet, ist ein außergewöhnlich gut erhaltener Bau aus Granitquadern. Sein Grundriss ist kreuzförmig und hat eine klare Aufteilung: An die dreischiffige Basilika mit Querhaus, Chor und drei halbrunden Apsiden schließt sich ein zweitürmiger Westbau an. Die gliedernden oder schmückenden Fassadenelemente wie Lisenen, Gesimse oder Friese fehlen hier fast völlig, wodurch das Kirchengebäude schlicht und monumental wirkt. Nur Fenster und Portale unterbrechen die burgähnliche Mauer. Die ursprünglichen Raumdecken wurden

im Chor durch ein spätgotisches Kreuzrippengewölbe und im Mittel- sowie Querschiff durch hölzerne Tonnengewölbe ersetzt. Ansonsten wurde das Innere der Kirche seit der Zeit der Romanik kaum verändert. Zu den Ausstattungsobjekten des 17. Jahrhunderts gehört u. a. die Kanzel mit den Porträts der Mitglieder der Stifterfamilie.
Heute werden beide Kirchen für die Gottesdienste der evangelischen Kirchengemeinde genutzt.

Nikolaistraße 4, D-39288 Burg; keine festen Öffnungszeiten; Besichtigung und Führungen nach Absprache beim Evangelischen Pfarramt: Tel. +49 (0)3921 944430

Die Kirche St. Nikolai in Burg von Westen gesehen

Weitere Sehenswürdigkeiten

Schartauer Straße

Durch die Stadtmitte verläuft die als Fußgängerzone gestaltete Schartauer Straße. Sie kann als Ausgangspunkt für die Stadtbesichtigung dienen.

Die Hugenottenkirche St. Petri

In der Franzosenstraße, die die Schartauer Straße kreuzt, befindet sich die Hugenottenkirche St. Petri. Sie ist eine kleine spätromanische Kirche, die erst 1691 zur Hugenottenkirche wurde.

Hexenturm,
Mitte:
Freiheitsturm,
u.r. Wasserturm

Der Hexenturm

Am nördlichen Ende der Turmstraße steht der Hexenturm, er stammt aus romanischer Zeit, wurde später jedoch mehrfach umgebaut. Zunächst als Wach- und Wehrturm errichtet, wurde er in den darauf folgenden Jahrzehnten als Frauengefängnis genutzt. Die Hexenverfolgung im Mittelalter und auch in späterer Zeit hat also auch in Burg ihre Spuren hinterlassen.

Der Freiheitsturm

Auch als das Kuhtor bezeichnet, war der Turm im Mittelalter vermutlich Sitz der Ministerialien. Später befand sich hier ein Gefängnis.

Der Wasserturm

Am westlichen Ende der Weinbergstraße steht der imposante Wasserturm, der 1902 erbaut wurde.

Gut zu wissen…

Eine schöne, vierzig Kilometer lange Radtour (der so genannte „Burger Bogen") führt von der Stadt Burg über Zerben auf den Elberadweg, den man an der Schleuse Niegripp verlässt, um nach Burg zurückzukehren. Kombinieren lässt sich das Naturerlebnis hervorragend mit einem Badeausflug an den Niegripper See oder Parchauer See.

Die „Katzentreppe"

Eine steile, mit Treppenstufen versehene Gasse erhielt ihren Namen von Steinschleudermaschinen, die „Katzen" hießen. Von hier wurden die Feinde mit eben diesen „Katzen" bekämpft.

Rolandfigur am Marktplatz

Nach historischem Vorbild entstand 1999 eine rund fünfeinhalb Meter hohe Rolandfigur. Ein Roland aus Holz wurde in einer Stadtrechnung von 1521 genannt. Dieser wurde später durch eine Steinfigur ersetzt.
www.heimatverein-burg.com

Nach historischem Vorbild: der Roland von Burg

Genuss-Tipp

Hotel & Gaststätte Müller
Ziegeleistraße 1
D-39307 Genthin
Tel. +49 (0)3933 96900
info@hg-mueller.de

Touristeninformation

Markt 1
D-39288 Burg
Tel. +49 (0)3921 4844913
www.stadt-burg.de
www.heimatverein-burg.com

Loburg
Romantische Kulisse

Loburg liegt an der Ehle, 33 Kilometer östlich von Magdeburg, und ist seit 2009 ein Ortsteil der Stadt Möckern. Nach heutigen Erkenntnissen wurde Loburg am 15. Juli des Jahres 965 als *civitas luborn* in der Schenkungsurkunde Kaiser Ottos I. an das Magdeburger Mauritiuskloster erstmals erwähnt. Dieses Gebiet war jedoch bereits in der Zeit der Völkerwanderung, also etwa seit dem 6. Jahrhundert, von slawischen Stämmen besiedelt. Im 8. Jahrhundert befand sich eine slawische Wallburg an der Stelle der späteren Stadt Loburg. Die Feldmarken, aus denen sich die Stadtfläche von Loburg zusammensetzte, hießen Möckernitz, Ziemnitz, Küpel und Wahl.
Die vorhandene Wallburg wurde zur Sicherung der vom Kaiser betriebenen deutschen Besiedlung in eine Grenzburg umgewandelt und ausgebaut. Nach dem Slawenaufstand im Jahre 983 lag sie in Trümmern.

Ruine der Liebfrauenkirche in Loburg

Da diese Burg den Ehle-Übergang der Handelsstraße Brandenburg-Zerbst schützen sollte, wurde sie im 12. und 13. Jahrhundert wieder errichtet. Von ihr sind ein mächtiger runder Bergfried und die Gräber erhalten geblieben.

Genuss-Tipp

Fischereibetrieb Uwe Marx
Dorfstraße 20
39291 Möckern
Tel. +49 (0)39225 256
Gaststätte: Mo–So: 10–19 Uhr
Fischverkauf: Mo–Fr: 8–19 Uhr
www.fischereibetrieb-marx.de

Rund um die Romanik

Ruine der Liebfrauenkirche

Eine Station an der Straße der Romanik ist die Ruine der Liebfrauenkirche vor dem ehemaligen Frauentor an der heutigen Kreuzung Dammstraße und Möckernitzer Damm. Die ehemals dreischiffige Basilika mit Chor und Westturm wurde im 12. Jahrhundert aus akkurat gequadertem Feldstein errichtet. Die Mauerstärke im Erdgeschoss beträgt mindestens 160 Zentimeter. Der durch Kriege und Brände sowie die Abnutzung der Bausubstanz beschädigte Kirchenbau wurde im Jahre 1601 instand gesetzt. In dieser Zeit wurden auch die Rundbogenfenster mit Backsteineinsatz hinzugefügt. In der Liebfrauenkirche befanden sich zudem die Begräbnisstätten der Adelsfamilien von Barby und von Wulffen. Gegenwärtig sieht man nur die Arkaden des Mittelschiffs, die rundbogigen Obergadenfenster, den Turm mit westlichem Portal und Teile des Triumphbogens. Diese in der Zeit von 1990 bis 1992 nochmals gesicherten und restaurierten baulichen Reste sind sowohl für Architekten und Geschichtsinteressierte als auch für Liebhaber von romantischen Fotografien ein Anziehungspunkt. Besonders beliebt ist die malerische Ruine der Liebfrauenkirche bei Hochzeitspaaren und Verliebten.

Dammstraße, D-39279 Möckern; die Ruine ist öffentlich zugänglich; Führungen bitte bei der Stadtinformation Möckern anfragen!

Touristeninformation

Stadtinformation Möckern
Am Markt 9
D-39291 Möckern
Tel. +49 (0)39221 60964
www.moeckern-flaeming.de

Leitzkau Familienwohnsitz von Münchhausen

Leitzkau ist heute ein ruhiger Wohnort mit etwa 1100 Einwohnern – vor 1000 Jahren sah das allerdings noch ganz anders aus: Zwischen 995 und 1030 zogen hier Otto III., Heinrich II. und Konrad II. mit ihren Heeren gen Osten. Von der etwa sechzig Meter über der Elbe liegenden Anhöhe konnten ihre Ritter zur Oder gelangen, ohne in den sumpfigen Niederungen stecken zu bleiben. Diese Tatsache machte die Missionierung der hier im Ort Lizka wohnenden Slawen dringend notwendig, daher wurde neben dem Dorf ein Prämonstratenser-Stift gegründet.

Südliche Ansicht von Leitzkau

Rund um die Romanik

Dorfkirche St. Petri

Als Stützpunkt der Missionierung ließ Bischof Hartbert von Brandenburg an dieser Stelle eine Holzkapelle errichten, die 1114 durch eine steinerne Kapelle ersetzt und geweiht wurde. 1140 kam es zu einer nochmaligen Weihe, der Grund dafür ist jedoch unbekannt. Es ist nicht auszuschließen, dass die Kapelle erweitert wurde. Sie ist teilweise in der heutigen Dorfkirche erhalten. Unter dem Chor soll sich einst eine Krypta befunden haben. An der Stelle der ursprünglichen Apsis entstand später die Sakristei. Die Kirche ist noch nicht ausreichend erforscht.

Kirchstraße 1, D-39279 Leitzkau; Besichtigung von außen jederzeit möglich, Führungen nach Absprache mit dem Pfarramt Tel. +49 (0)39241 290 oder 4109; www.ev-kirchengemeinde-leitzkau-ladeburg.de

St. Maria in monte

1140 wurde ein Prämonstratenser-Chorherrenstift, und 1155 die Stiftskirche St. Maria in monte errichtet,

Dorfkirche St. Petri in Leitzkau und Altar

Genuss-Tipp

★★★ Restaurant & Hotel Robinienhof
Salzstraße 49
D-39245 Gommern
Tel. +49 (0)39200 640
www.hotel-robinien-hof.de

1159 dann die gesamte Stiftanlage geweiht. An der Weihe nahmen Erzbischof Wichmann von Magdeburg und Herzog Albrecht der Bär teil. Der Namenszusatz in monte heißt in lateinischer Sprache „auf dem Berg". Die ersten Mönche kamen aus dem Magdeburger Kloster Unser Lieben Frauen. Der Westbau der Stiftskirche St. Maria in monte weist nicht zufällig einige Ähnlichkeiten mit der Magdeburger Liebfrauenkirche auf. Die Kirche wurde als dreischiffige kreuzförmige Basilika aus Bruchstein (Grauwacke) errichtet. Die dicht nebeneinander stehenden Pfeiler und Säulen (eine Bauweise, die als „rheinischer Stützenwechsel" bezeichnet wird) sind aus gequadertem Naturstein gemauert.
Das Stift wurde nach der Reformation aufgehoben, die Gebäude wurden an die niedersächsische Adelsfamilie von Münchhausen für 70.000 Taler verkauft. Einige der verfallenen Klostergebäude wurden abgerissen, auf ihren Fundamenten entstanden Schlossbauten. Manche Klosterteile wurden in das neue, aus drei Schlössern bestehende Ensemble einbezogen: Die Münchhausen'schen Schlösser Neuhaus (Westflügel), Althaus (heute nur der Treppenturm davon erhalten) und Hobeck (im Nordosten) entstanden unter dem Einfluss der Weserrenaissance. In den letzten Wochen des Zweiten Weltkriegs wurden die Kirche und die Schlösser stark beschädigt. In den Jahren 1962-1997 war im Schloss Neuhaus und im Schloss Hobeck eine Schule untergebracht. Heute sind die Schlösser der Sitz der Kulturstiftung „Klöster und

Romanische Stiftskirche in Leitzkau, später eine barocke Schlosskirche

Schlösser Sachsen-Anhalt". In der Kirche St. Maria in monte wurden einige Aufnahmen zum historischen Spielfilm *Die Päpstin* gemacht.
Am Schloss 4, D-39279 Leitzkau; März bis Nov.: Mo-Fr 8-16 Uhr, Sa-So 10-16 Uhr; Dez. bis Feb.: Mo-Fr: 8-16 Uhr; Führungen: März bis Nov.: Sa,So, Feiertage: 14 Uhr oder nach Absprache; Tel. +49 (0)39241 4168;

Ausflugstipp

Gommern

Die Kleinstadt Gommern liegt neun Kilometer westlich von ihrem Stadtteil Leitzkau. Hier ist die Wasserburg zu Gommern ein Touristenmagnet und gleichzeitig eine ungewöhnliche Übernachtungsmöglichkeit. Außerdem befindet sich im Süden der Stadt der Fuchsberg, der eigentlich gar kein Berg ist, sondern die letzte in dieser Gegend über zwanzig Meter hohe Wanderdüne. Nicht weit vom Fuchsberg am Ufer des kleinen Sees Kulk bestaunen die Touristen den in Europa größten Gesteinsgarten mit verschiedenen geologischen Funden: Vulkanische Gesteine wie Basalte und Diabase präsentieren sich neben Tiefengesteinen wie Gabbro und Granit, weiter findet man Eisenerze, Marmor, Schiffer, Serpentine, Diorite und sogar einen verkieselten Baumstamm.
Die Idee zu dieser Gesteinssammlung stammt von den örtlichen Geowissenschaftlern: Seit dem Mittelalter wurde in dieser Gegend Quarzit abgebaut.
Salzstraße 49, D-39245 Gommern; Führungen durch den Gesteinsgarten nach Absprache möglich: Tel. +49 (0)39200 52596 oder 50351; www.gesteinsgarten.de

Über Nacht

★★★★ Wasserburg zu Gommern
Walther-Rathenau-Straße 9
D-39245 Gommern
Tel. +49 (0)39200 78850
www.wassserburg-zu-gommern.de

Touristeninformation

Platz des Friedens 10
D-39245 Gommern
Tel. +49 (0)39200 778922
www.gommern.de

Pretzien
Stolz der Gemeinde

Wenn man Leitzkau verlässt und der Straße der Romanik in westlicher Richtung folgt, erreicht man nach zwölf Kilometern Pretzien. Der Ort hat zurzeit etwa 900 Einwohner und ist seit 2009 ein Stadtteil von Schönebeck (Elbe). Viele Touristen kommen jährlich nach Pretzien, weil sich hier dank der Gastfreundlichkeit der Einwohner jeder wohl fühlt.
Vermutlich wurde Pretzien im 7. Jahrhundert von slawischen Stämmen gegründet. Historische Quellen ab dem Jahr 1147 nennen den Ort *brithzin* oder *brehzin*. Manche Forscher haben diese Bezeichnung in Verbindung mit dem slawischen Begriff *breza* oder *bereza* (Birke) gebracht. Wahrscheinlicher ist jedoch die Ableitung vom Wort *Ufer*, was in den slawischen Sprachen *brzeg* (polnisch), *breg* (slowenisch), *breh* (slowakisch) oder *nabrezi* (tschechisch) heißt. Außerdem ist die Entstehung des Ortsnamens *Pretzien* durch die Bezeichnung des slawischen Stammes der *Brizanen* möglich.

Rund um die Romanik

Kirche St. Thomas

Die Kirche wurde im Jahre 1140 im Auftrag des Markgrafen Albrecht des Bären errichtet. Ihr Baukörper unterscheidet sich nicht wesentlich von den auf der Straße der Romanik bislang besuchten romanischen Dorfkirchen: Er besteht aus einem Saalbau mit angebautem Chor und einer halbrunden Apsis im Osten und einem angeschlossenen Turmbau im Westen.
Das Äußere der Kirche ist sehr schlicht gehalten, das Mauerwerk aus gequaderten Quarzitsteinen blieb unverputzt und ohne besonderen Baudekor. Lediglich die Außenwand der Apsis ist durch zierliche Lisenen

in drei Teile untergliedert und mit einem Rundbogenfries abgeschlossen. Die Oberfläche dieses schmucklosen Mauerwerks besitzt dennoch eine visuelle Anziehungskraft: Man möchte stundenlang die bearbeiteten Steinquader wie ein Ornament betrachten, um ihre Farbe, Größe und Anordnung zu bewundern. Diese bezaubernde Wirkung wird durch das natürliche Baumaterial und die Präzision des Handwerks erzielt.

Genuss-Tipp

Waldcafe / Restaurant
Am Tiefensee
D-39217 Schönebeck (Elbe)
Tel. +49 (0)39200 51743

Restaurant / Cafe Braun
Große Sorge 11
D-39217 Schönebeck (Elbe)
Tel. +49 (0)39200 53705

Der Kirchturm wurde im Jahre 1793 in Fachwerkbauweise aufgestockt und erhielt eine Haube. Der Raum der Kirche St. Thomas unterscheidet sich wesentlich von allen vorher beschriebenen kirchlichen Räumen: Hier wurden 1972-1973 durch die Restauratorin Anna-Maria Meussling, die Ehefrau des damaligen Pfarrers, spätromanische Malereien entdeckt, freigelegt und

Kirche St. Thomas in Pretzien

gesichert. Die in Fresco- und Secco-Technik ausgeführten Malereien zählen zu den Arbeiten einer Werkstatt, die in Magdeburg tätig war. Kunstkenner werden in den Bemalungen der Pretziener Kirche stilistische Ähnlichkeiten mit byzantinischen, italienischen und französischen Wandmalereien bemerken.
Es darf nicht damit gerechnet werden, dass die Wandmalereien die Zeitspanne von über 700 Jahren vollständig und frisch überstanden. Dennoch sind sie im Bereich der Apsis vergleichsweise gut erhalten. Zunächst wurden hier Wasserfarben auf den noch feuchten Kalkputz aufgetragen (Fresco), so dass sich die Farbpigmente mit dem Putz verbanden. Danach wurden die Abbildungen auf dem trockenen Putz ergänzt (Secco). Themen der Bemalungen in der Apsis sind Christus als Weltenrichter, Maria als Himmelskönigin und Johannes der Täufer. An den Chorwänden sind biblische Geschichten in die waagerechten Bildstreifen eingeordnet. Im oberen Streifen wird die Legende von den Klugen und Törichten Jungfrauen veranschaulicht. Im Turmbogen lässt noch eine Darstellung niemanden gleichgültig: Der Erzengel Michael hält die Seelenwaage, rechts steht die Gottesmutter Maria, und viele „Satanshelfer" warten auf die sündigten Seelen. Die Kirche in Pretzien hat eine hervorragende Akustik. Jährlich finden Veranstaltungen im Rahmen des Pretziener Musiksommers statt.
Das schön gestaltete Buch *Der verborgene Christus von Pretzien*, herausgegeben 2010 von Anna-Maria und Rüdiger Meussling, eröffnet dem Leser viel Spannendes über das Kirchengebäude und das Leben der evangelischen Gemeinde.
Martin-Luther-Straße, D-39217 Schönebeck (Elbe); Kirchenbesichtigung: Mai bis Sept.: Di-So: 14-16 Uhr; Okt. bis Apr.: Sa, So: 14-15 Uhr, nach Anmeldung auch außerhalb der Öffnungszeit; Führungen nach Absprache unter: Tel. +49 (0)39200 76808 oder 51957 bzw. mariameussling@web.de

Das Pretziener Wehr ist ein beliebtes Ziel für Spaziergänge.

Weitere Sehenswürdigkeiten

Pretziener Wehr

Das Pretziener Wehr ist ein Stauwehr und dient dem Hochwasserschutz der Städte Schönebeck (Elbe) und Magdeburg. Es wurde in den Jahren 1871 bis 1875 überwiegend von italienischen Bauarbeitern und französischen Kriegsgefangenen gebaut.

Ausflugstipp

Kirche St. Maria Magdalena in Plötzky

Von Pretzien ist Plötzky kaum drei Kilometer entfernt. Die wechselvolle Geschichte der romanischen Kirche St. Maria Magdalena wird vom Pfarrer i. R. Rüdiger Meussling sehr lebendig dargestellt. Eine im Voraus abgesprochene Führung ist also zu empfehlen.

Magdeburger Straße 21, D-39245 Plötzky; tägl. 9-17 Uhr; Führung nach Voranmeldung: Tel. +49 (0)39200 51957 (Pfarrer i. R. Rüdiger Meussling)

Über Nacht

Parkhotel Pretzien
Am Park 10/11
D-39245 Schönebeck (Elbe)
Tel. +49 (0)39200 7230

Pension Am Storchennest
Am Park 25
D-39217 Schönebeck (Elbe)
Tel. +49 (0)39200 53705

Touristeninformation

Markt 21
D-39218 Schönebeck (Elbe)
Tel. +49 (0)3928 842742

Südroute
Vom Wald zum Wein

Die Südschleife der Straße der Romanik ist durch Vielseitigkeit geprägt: Ebene Felder- und Wiesenlandschaften wechseln sich mit bewaldeten Hügeln ab, gefolgt von den Bergen, den romantischen Tälern des Harzes und bewirtschafteten Weinbergen. Hier liegen bekannte Urlaubsgebiete wie der Harz mit seinen ausgebauten Wanderwegen um den Brocken, historische Städte wie Naumburg und Merseburg sowie die Weinberge der Saale-Unstrut-Region mit ihren vielen kleinen und feinen Weingütern.
Ebenso vielfältig sind die Möglichkeiten zum Kennenlernen der romanischen Bauwerke: Man kann eine mehrtägige Reise buchen, eine Kanu- oder Wohnmobil-Tour mit der Besichtigung der mittelalterlichen Städte verbinden oder auch einen Geburtstag als Rittermahl bei Kerzenschein in einer Burg gestalten. Schulklassen genießen eine besondere Aufmerksamkeit: In den Museen, so u. a. in Quedlinburg, Memleben und Tilleda, sind altersgerechte Führungen, Aktionen und Workshops vorbereitet.
Viele Orte der Südroute sind mit öffentlichen Verkehrsmitteln zu erreichen. Am Wochenende verkehrt der Harz-Berlin-Express (www.harz-berlin-express.de), bei dem die Eisenbahnfahrten besonders günstig sind. Innerhalb von Sachsen-Anhalt ist für Touristen das Hopper-Ticket zu empfehlen, das beliebig viele Fahrten im Umkreis von 50 Kilometern erlaubt. Und wer vielleicht seine Reise mit seinem Hund antreten möchte, dem sei gesagt: In Sachsen-Anhalt sind Hunde sehr beliebt, und man kann mit dem vierbeinigen Begleiter in vielen Städten, Burgruinen, Gartenanlagen und sogar in den Tierparks unterwegs sein.

Blick auf die Rudelsburg in Bad Kösen

Wanzleben
Wo einst die Ritter hausten

Wanzleben ist seit der Verwaltungsreform 2010 ein Teil der Stadt Wanzleben-Börde, zu der auch weitere 16 Ortsteile gehören, darunter die Stadt Frankfurt und Seehausen, der nächste Ort an der Straße der Romanik. Wanzleben befindet sich rund 15 Kilometer südwestlich von Magdeburg und ist sowohl von dort als auch von Seehausen, Hadmersleben und Oschersleben bequem mit dem Bus zu erreichen.

Mittelalterlicher Wohnturm der Burg Wanzleben

Rund um die Romanik

Über Nacht

★★★★ Hotel Burg Wanzleben
Am Amt 1
D-39164 Wanzleben
Tel. +49 (0)39209 60140
www.burgwanzleben.de

Burg Wanzleben

Die Wallanlagen, mehrere Gräben, versumpfte Flächen und der kleine Fluss Sarre machten die Burg Wanzleben im Mittelalter schwer zugänglich. Die künstlich angelegten Gräben waren sehr wichtig, da es sich bei Burg Wanzleben um eine Niederungsburg handelt. Im Unterschied zu einer durch ihre natürliche steile Hanglage geschützten Höhenburg verfügen in ebenem Gelände liegende Niederungsburgen über zahlreiche Annäherungshindernisse: Trockenen und wassergefüllten Gräben, Wällen, Sumpfflächen, Palisaden und Ringmauern kam eine erhöhte Bedeutung zu. Heute findet man allerdings bei der Niederungsburg Wanzleben weder Sümpfe noch tiefe, wassergefüllte Gräben. Die erste heute bekannte Erwähnung der Anlage als slawische Burg findet sich in einer Urkunde (im ehemaligen Reichsstift Gandersheim) aus dem Jahre 889. Die Burg Wanzleben wurde im 10. und 11. Jahrhundert zur Sicherung der Heerstraße von Magdeburg nach Halberstadt umgebaut und erweitert. Aus dieser Zeit stammt der über dreißig Meter hohe Bergfried, ein fünfgeschossiger Wohnturm. Dieser lässt an die Wohntürme mittelalterlicher italienischer Städte wie San Gimignano in der Toskana denken. Der Wohnturm in Wanzleben, zur gleichen Zeit errichtet, ist jedoch niedriger als diese.

Bis zum 14. Jahrhundert wirkten die Ritter von Wanzleben als Lehnsleute des Reichsstifts Gandersheim. Das Land um Wanzleben war damals dünn besiedelt, und die Abgaben ans Stift waren hoch. In den Jahren der Missernte litten

Das Wappen am Burgtor in Wanzleben

die Ritter wahrscheinlich Hunger. Der Legende nach beraubten sie sogar Reisende, meist reiche Kaufleute, anstatt diese zu schützen. Dokumentarisch belegbar ist die Übergabe der Burg 1378 an die Erzbischöfe von Magdeburg, die Burg Wanzleben zu einem Wohnsitz umbauten. Das Burgtor mit dem erzbischöflichen Wappen stammt aus dem Jahre 1578 und ist bis heute erhalten.

Anfang des 18. Jahrhunderts wurde die Burg zu einer preußischen Domäne: Von hier aus verwaltete man landwirtschaftliche Güter der Umgebung. In der Zeit zwischen 1778 und 1945 waren auf der Burg Wanzleben insgesamt fünf Generationen der Familie Kühne ansässig, da die Vertreter dieses Rittergeschlechts als königliche Amtsräte dienten. 1869 baute Philipp August Kühne an der Stelle der ruinösen Burgkapelle einen 52 Meter langen Pferdestall und gründete eine gewinnbringende Zucht von Rheinisch-Belgischen Kaltblütern.

Nach 1945 befanden sich auf der Burg verschiedene städtische Institutionen und Produktionslager. Mangelnde Finanzierung führte zum Verfall der historischen Bausubstanz. 1993 erwarb der Enkel des letzten Amtsrates Dr. F. W. Kühne die Burg Wanzleben;

Das Restaurant Philipp August im ehemaligen Stallgebäude der Burg Wanzleben

die verfallene Burganlage wurde seitdem liebevoll restauriert und in ein gemütliches Hotel umgewandelt. Das ehemalige Pferdestall beherbergt das Restaurant Philipp August.
Am Amt 1, D-39164 Stadt Wanzleben-Börde; die Anlage ist von außen jederzeit zugänglich, Führungen bitte bei der Touristeninformation anfragen!

Stadtkirche St. Jacobi
Eine dem Heiligen Jakob gewidmete Kirche stand an dieser Stelle schon 1263. Die um 1300 errichtete spätromanische Basilika wurde im Krieg 1550 fast vollkommen zerstört, wurde aber wiederholt aufgebaut. 1589 stiftete der Magistrat eine Taufschale für den Taufstein. Heute erstrahlt die Kirche mit den 1997 wiederhergestellten Altarfenstern in neuem Glanz.
Markt, D-39164 Stadt Wanzleben-Börde; öffentlich zugänglich, die Besichtigungstermine bitte mit dem Kreiskirchenamt absprechen: Tel. +49 (0)39209 42188 oder 3006

Weitere Sehenswürdigkeiten

Rathaus
Die doppelläufige Außentreppe ist ein markantes Erkennungszeichen des Rathauses in Wanzleben. Die an einer Wand befestigten Gedenktafeln dokumentieren seine Geschichte. Das erste Rathaus wurde am 13. Juli 1446 fertiggestellt. Am 17. September 1550 wurde es im Krieg zerstört und sechs Jahre später wieder aufgebaut. „Kein Heil im Kriege" steht auf der entsprechenden Wandtafel. Ein großer Stadtbrand am 8. Juli 1684 vernichtete viele Häuser und beschädigte das Rathaus. Dessen Wiederaufbau dauerte bis 1705, und dieses Datum ist ebenfalls auf einer Tafel festgehalten worden.
Markt 1-2, D-39164 Stadt Wanzleben-Börde; Tel. 039209 447

Genuss-Tipp

Restaurant Philipp August
Am Amt 1
D-39164 Wanzleben
Tel. +49 (0)39209 60140
www.burgwanzleben.de

Seehausen (Börde)
See ohne Namen

In der Magdeburger Börde, einer ansonsten fast ebenen Landschaft, liegt Seehausen gemütlich eingebettet in einem leicht hügeligen Gebiet. Die erste heute bekannte Erwähnung von Seehausen stammt aus dem Jahre 966. Eine Sage berichtet von dem Königshof am Seeufer, in dem König Heinrich II. sich aufgehalten haben soll. In Büchern zur Geschichte des Mittelalters finden sich Hinweise auf eine Gaugrafschaft mit Verwaltungssitz und Marktplatz in Seehausen. Auf der Gemarkung von Seehausen aus den Steinbrüchen, sogenannten Domkuhlen, wurden im 12. und 13. Jahrhundert die Steine für den Bau des Magdeburger Domes gebrochen. Ein Überbleibsel der mittelalterlichen Stadtbefestigung stellt der Wehrturm auf dem Marktplatz dar: Er heißt „Panneturm". Als „Pannemann" bezeichnete man einen Wächter, der das Recht hatte, die Leute aufzuhalten und zu „pfänden". Am nördlichen Ortsrand der Stadt befand sich die Siedlung Nordendorf. Jahrhundertelang waren die meisten Einwohner im Steinbruch, im Ackerbau, in Schafzucht und Handel tätig. Üppige Zuckerrübenernten auf den umliegenden Feldern der Börde waren der Grund dafür, dass in Seehausen 1836 eine der ersten Zuckerfabriken Deutschlands errichtet wurde.

Blick auf die Türme der St. Paulskirche

Rund um die Romanik

Dorfkirche St. Paul

Wer ein Navigationsgerät benutzt, gibt August-Bebel-Straße 11 als Straßennamen und Hausnummer ein – dies ist die Anschrift eines Wohnhauses direkt vor St. Paul. Die aus Bruchsteinen errichtete Kirche steht auf einer Anhöhe. Viele Besucher berichten, dass an dieser Stelle eine spirituelle Kraft und tiefe Ruhe spürbar sind. Das Kirchengebäude besteht aus einem Saalbau, dem im Osten ein Chor mit halbrunder Apsis und im Westen ein Turmbau angeschlossen sind. An der Westseite der Kirche erkennt der aufmerksame Beobachter Spuren eines niedrigen zugemauerten Eingangs: Die großen Mauersteine stammen offensichtlich von dem Vorgängerbau, der angeblich 830 unter dem Halberstädter Bischof Thiatgrim errichtet wurde. Die jetzige Kirche bekam ihre Gestalt vermutlich im 12. Jahrhundert, sie wird in einer Urkunde von 1148 genannt. Von den romanischen Fensteröffnungen sind nur eine an der Südseite und zwei an der Nordseite erhalten geblieben, sie sind schmal und rundbogig. Die übrigen, vergrößerten Fensteröffnungen bekamen ihre Form im 17. Jahrhundert. Das Innere der Kirche sieht schlicht aus, es war den Restauratoren nicht möglich, die ursprünglichen Ausmalungen zu rekonstruieren. Aus heutiger Sicht ungewöhnlich wirkt die symbolhafte Abbildung einer Schutzhand an der Südseite des Chorraums. Interessant ist, dass sich ähnliche Darstellungen auf manchen byzantinischen Ikonen befinden.

August-Bebel-Straße 11, D-39164 Stadt Wanzleben-Börde; Besichtigungen und Führungen auf Anfrage beim evangelischen Pfarramt: Am Markt 17, D-39164 Stadt Wanzleben-Börde; Tel. +49 (0)39407 425; Pfarrer@boerdestadt-seehausen.de

Über Nacht

Pension Hopfengarten
Steinstraße 18
D-39164 Wanzleben-Börde
Tel. +49 (0)39407 227

Pension Seehausen
Friedensplatz 5
D-39164 Wanzleben-Börde
Tel. +49 (0)39407 5099
PensionSeehausen@t-online.de
www.pension-seehausen.de

Hadmersleben Kinderstimmen im ehemaligen Kloster

Hadmersleben liegt im Landkreis Börde und gilt nach der Verwaltungsreform von 2010 als Stadtteil der zehn Kilometer entfernten Stadt Oschersleben (Bode).
Die Einwohnerzahl von Hadmersleben beträgt weniger als 2000.
In Hadmersleben befand sich der Übergang einer mittelalterlichen Heerstraße von Halberstadt nach Magdeburg über die Bode. Jetzt hat die Bode, der linke, rund 170 Kilometer lange Nebenfluss der Saale, einen anderen Verlauf – die Straße allerdings heißt auch heute noch Heerstraße.
Die Geschichte Hadmerslebens lässt sich bis ins Jahr 3000 v. Chr. zurückverfolgen: Aus dieser Zeit stammt ein von Archäologen erforschtes Hügelgrab im Bereich der Straße Am Kußhoch. Im 5. Jahrhundert v. Chr. siedelten Angeln und Warnen in Hathumareslew, sie bauten eine Fluchtburg (heute Amt). Um diese Burg herum entstand eine Siedlung, die heutige Unterstadt. 1399 wurde Hadmersleben in einer Urkunde als civitas

bezeichnet, also als Ort mit Stadt- und Marktrecht. Zu dieser Zeit bestand Hadmersleben bereits aus vier Teilen: Amt (Sitz der Grafen von Hadmersleben), Kloster, Stadt und Dorf.

Rund um die Romanik

Das ehemalige Benediktinerinnenkloster St. Peter und Paul

Im Jahre 961 wurde das Benediktinerinnenkloster durch Bischof Bernhard von Halberstadt gegründet. Die Klosterkirche St. Petrus und St. Stephanus, jetzt St. Peter und Paul, ist einer der bedeutendsten Sakralbauten und heute die einzige katholische Kirche in der überwiegend protestantisch geprägten Region. Der langgestreckte, rechteckige Kirchensaal hat einen geraden Chorabschluss und ein hölzernes Tonnengewölbe. Im Westen befindet sich die Nonnenempore, darunter ein unterirdischer Kirchenraum – die dreischiffige Krypta mit Kreuzgratgewölben. Ein Teil der Krypta stammt aus dem 10. Jahrhundert, also aus der Zeit der Romanik.
Im 11. Jahrhundert wurde der Westbau der Kirche errichtet, erst im 14. Jahrhundert wurden dann die gotischen Maßwerkfenster im Chor zugefügt. Während des Dreißigjährigen Krieges (1618-1648) wurde die Kirche geplündert, um 1690 entstand ihre neue

Der Klosterhof mit dem Taubenturm und zwei Turmspitzen der Klosterkirche (im Hintergrund)

Über Nacht

★★★★ Hotel Arena
Motorpark Allee 20-22
D-39387 Oschersleben
Tel. +49 (0)3949 9200
www.motorsporthotel.com

Pension Schondelmaier
Schermker Straße 20
D-39387 Oschersleben
Tel. +49 (0)3949 80000
www.hotel-oschersleben.de

barocke Ausstattung. 17 Figuren des Hauptaltars wurden 1694 von einer Frau geschnitzt: eine einmalige Erscheinung in der Kunstgeschichte! Aus dem späten 15. Jahrhundert ist ein kleinerer Altar mit einer Abbildung von Maria auf der Mondsichel erhalten geblieben. Am südlichen Eingang der Kirche ist ein mittelalterlicher Türklopfer in Löwenkopfform zu sehen. An die nördliche Kapelle sind der zweischiffige Kapitelsaal aus dem 12. Jahrhundert und ein Flügel des Kreuzgangs angeschlossen.

Im Kapitelsaal sind Reste der mittelalterlichen Wandmalereien von Restauratoren entdeckt worden. Im barocken Obergeschoss des Kreuzgangs befindet sich ein Saal mit einer klassizistischen Panorama-Tapete von 1828. Die Tapete wurde in Frankreich von Hand bedruckt und zeigt historische Motive aus dem Befreiungskrieg der Griechen gegen die Türken in den Jahren 1821–1928.

Auf dem fast einen Hektar großen, gepflasterten Klosterhof befindet sich ein massiver runder Taubenturm aus dem Jahre 1717. Er hat ein Kuppeldach. Taubenzucht wurde in erster Linie wegen des Düngers, den man heutzutage Guano nennt, betrieben und war sehr gewinnbringend. Die Haltung der Tauben verbreitete sich in Mitteleuropa durch die Römer, war bis zum 19. Jahrhundert ein Privileg von Klöstern und Adligen und bedurfte der Zustimmung des Königs. Die Räume des ehemaligen Klosters werden zurzeit von der Internatsschule Hadmersleben genutzt (www.privatgymnasium.de).

Planstraße 36, D-39387 Oschersleben; Besichtigung und Führungen nach Absprache: Tel. +49 (0)39408 6666 (Dr. Walter Merfert)

Gut zu wissen...

Der Halbmond war in der Antike ein Zeichen einiger Göttinnen, beispielsweise der Mondgöttin Artemis sowie der römischen Göttin Lucina, die bei Geburten angerufen und gleichzeitig als Göttin der Keuschheit verehrt wurde. Die im Mittelalter in Europa verbreitete Darstellung der Gottesmutter Maria mit dem Halbmond unter ihren Füßen findet sich in der Offenbarung des Johannes, geht jedoch auf noch ältere Traditionen zurück.

Weitere Sehenswürdigkeiten

Stadtmitte Hadmersleben

In Hadmersleben ist das alte Rathaus in der Bahnhofstraße, ein Fachwerkbau von 1665, erhalten geblieben. Sein steinernes Erdgeschoss stammt aus früherer Zeit. Heute sind hier eine Bibliothek und ein Heimatmuseum untergebracht.

Heimatmuseum Hadmersleben: Breiteweg 33, D-39387 Oschersleben; Mo, Mi: 8-12 Uhr; Di, Do: 8.30-12 Uhr und 13-16 Uhr; Tel. +49 (0)39408 50751

Pfarrkirche Unser Lieben Frauen im Breiten Winkel

Die zweischiffige Pfarrkirche Unser Lieben Frauen im Breiten Winkel mit einem gotischen Westturm wurde größtenteils im 17. Jahrhundert umgebaut. Zur Ausstattung der Kirche gehört ein Altaraufsatz von 1665, die Kanzel und der Taufstein aus der 2. Hälfte des 17. Jh. sowie ein barockes Triumphkreuz.

Das um 1650 errichtete Wohnhaus des ehemaligen Burgverwalters Joachim Hanse in der Kirchstraße 3, der Hanse'sche Hof, ist im Renaissance-Stil gestaltet. Am Portal sind seitlich Sitznischen angebracht. Im Volksmund heißt die Anlage Ritterhof.

Kirchstraße 3, D-39387 Oschersleben

Touristeninformation i

Hornhäuser Straße 5
D-39387 Oschersleben
Tel. +49 (0)3949 912205
www.oscherslebenbode.de

Gröningen
Christus auf dem Regenbogen sitzend

Gröningen liegt am Fluss Bode südlich von Oschersleben, an der Straße von Halberstadt nach Magdeburg. Gröningen und Kloster Gröningen sind zwei verschiedene Siedlungen und voneinander etwa zwei Kilometer entfernt. Die erste Auskunft über Gröningen gibt uns eine Urkunde aus dem Jahr 934, welche die Schenkung des Königshofes Gröningen von Heinrich I. an einen Grafen Siegfried dokumentiert. Siegfried verlor zwei Jahre später durch Unglücksfälle an einem Tag seine beiden erwachsenen Kinder.
In tiefer Trauer schenkte er seine Güter an der Bode dem Kloster Corvey, damit dieses dort ein neues Kloster gründen könne. 940 wurde die Klosterkirche dem Schutzheiligen St. Vitus geweiht. Es handelt sich um einen Saalbau auf einem kreuzförmigen Grundriss. Anfang des 12. Jahrhunderts entstand an seiner statt eine dreischiffige flachgedeckte Basilika.

Luftbild von Gröningen mit der Klosterkirche in der Bildmitte

Rund um die Romanik

Klosterkirche St. Vitus

Keine der bislang gesehenen Kirchen auf der Straße der Romanik war so gestaltet wie die Klosterkirche St. Vitus in Gröningen: Schnell erkennt man zwar den üblichen kreuzförmigen Grundriss des Baus; doch anstelle eines hohen, quergestellten Westbaus findet sich hier ein achtkantiger Vierungsturm. Kirchen mit solchen Türmen über der Vierung sind beispielsweise in Armenien üblich. Die Klosterkirche in Gröningen ist leider nicht vollständig erhalten, ihre Nebenchöre und Seitenschiffe wurden nach der Aufhebung des Klosters im Zuge der Reformation allmählich abgebrochen. Im Inneren erkennt das Auge des Betrachters den sächsischen Stützenwechsel bei den Arkaden zwischen dem Langhaus und den nicht mehr vorhandenen Seitenschiffen: Zwei Rundsäulen wechseln jeweils mit einem Pfeiler ab. Die Säulen tragen Würfelkapitelle, die reliefartig ornamentiert und bemalt sind. Vom nördlichen Vierungspfeiler segnet jeden Besucher ein Engel, geschnitzt aus erhärtetem Stuck und farbig gefasst. In gleicher Technik ist das Lebensbaumrelief über einem Portal an der Südwand des Chores ausgeführt. Die Reliefs stammen aus der Zeit vor 1170. Am schönsten sind die Figurenreliefs an der Emporenbrüstung im Westteil der Kirche. In der Mitte ist Christus als Weltenrichter zu sehen, er sitzt auf einem stilisierten Regenbogen, die gewölbte (nicht flache!) Erde zu seinen Füßen.

Poststraße, D-39397 Kloster Gröningen; ganzjährig: Mo, Mi, Do: 9-11 Uhr und 13-16 Uhr; Fr-Sa: 14-17 Uhr; Besichtigung und Führungen nach Absprache mit dem Evangelischen Pfarramt: Kirchstraße 1, D-39387 Großalsleben, Tel. +49(0)3949 5907

Über Nacht

Gasthof Jakobshöhe
Vorderstraße 5
D-39397 Kloster Gröningen
Tel. +49 (0)39403 301

Touristeninformation

Gemeindeverwaltung
Marktstraße 7
D-39397 Gröningen
Tel. +49 (0)30403 9110
www.verbgem-westlicheboerde.de

Hamersleben
Am Großen Bruch

Etwa 22 Kilometer nördlich von Halberstadt im Harzvorland liegt der historische Ort Hamersleben. Hier sind momentan rund 1000 Menschen beheimatet. Zu Hamersleben existiert eine schriftliche Erwähnung aus dem Jahre 1021, und es ist schwierig, einen anderen kleinen Wohnort zu finden, der in gleichem Maße berühmt wäre. Historiker und Architekten kennen den Namen Hamersleben aus zahlreichen kunstgeschichtlichen Bildbänden: Fast alle Veröffentlichungen zum Thema romanische Baukunst nennen die Stiftskirche Hamersleben als typisches Beispiel der Hirsauer Bauschule und bilden ihren Grundriss ab. Das mittelalterliche Altarziborium im Querhaus dieser Kirche gehört zu dem ältesten in ganz Deutschland.

Stiftskirche St. Pankratius in Hamersleben

Rund um die Romanik

Ehemalige Stiftskirche St. Pankratius

Romanisches Portal am südlichen Seitenschiff (Rekonstruktion, 19. Jh.)

Bischof Reinhard von Halberstadt gründete 1107 ein Augustiner-Chorherrenstift in Seligenstadt (heute Osterwieck), das jedoch bald nach Hamersleben verlegt wurde. Einigen Quellen zufolge hatten sich die Geistlichen an ihrem ursprünglichen Ort durch den Lärm der Marktleute gestört.
Mit dem Bau der Stiftskirche St. Pankratius wurde wahrscheinlich 1109 oder 1111 begonnen, genauere schriftliche Angaben sind noch nicht aufgetaucht. Bekannt ist, dass zuerst die Ostteile der Kirche errichtet wurden, nämlich der Hauptchor und zwei Seitenchöre, auch als Chorkapellen bezeichnet. Jeder der drei Chöre hat eine halbrunde Apsis als östlichen Raumabschluss, wobei die mittlere Apsis etwas weiter hervortritt als die seitlichen. Noch bevor der Bau vollendet werden konnte, starb Mechthild im Jahre 1115 und wurde in der Vierung begraben.
Nach Fertigstellung der Ostteile wurde die Westwand des Langhauses aus sorgsam gequaderten Natursteinen gemauert. Der Bau des dreischiffigen Langhauses erfolgte dann von dieser Westwand aus in östliche Richtung zum Chor hin. Dabei konnte anscheinend die Anschlussstelle nicht exakt ermittelt werden, so dass sich eine Achsenverschiebung ergab. Es ist nicht auszuschließen, dass neben den nicht immer präzisen Messgeräten auch andere Umstände wie etwa die Beschaffenheit des Erdbodens, die bereits vorhandenen Gräber, die Ausrichtung nach der Sonne an einem „Tag des Heiligen" o. ä. eine solche „Ungenauigkeit" verursachten. Es sind auch weitere romanische Kirchen bekannt, darunter die Stiftskirche in Gernrode, die

ähnliche Abweichungen an der Anschlussstelle des Langhauses aufweisen.

Ein Markenzeichen der Kirche in Hamersleben sind die Rundsäulen ihres Langhauses, die die zwölf Apostel symbolisieren. Hier war kein Stützenwechsel eingeplant. Alle Säulen sind monolithisch, also aus einem Steinblock gefertigt, und haben attische Basen und Würfelkapitelle. Im Unterschied zu anderen Kirchen fehlen bei der Stiftskirche St. Pankratius der wehrhafte Westbau und die Krypta.

Während das Äußere der ehemaligen Stiftskirche sich mit nur wenigen Zierdetails sehr schlicht präsentiert, zeigen die Bauelemente im Inneren eine für die Hirsauer Bauschule ungewöhnliche Reichhaltigkeit an Dekoration: An den Säulenkapitellen etwa findet man stilisierte plastische Abbildungen von Pflanzen und Tieren, an der nördlichen Chorschranke sind drei aus Stuck gefertigte Figuren dargestellt, die Christus sowie Petrus und Paulus zeigen, und das eingangs bereits erwähnte romanische Altarziborium ist ebenfalls ornamentiert.

Innenansichten der Stiftskirche St. Pankratius in Hamersleben

Wie das Innere der Kirche um 1300 aussah, lässt sich heute nicht genau sagen. Denn nach einer Blütezeit verschlechterte sich die Lage Mitte des 14. Jahrhunderts zusehends. Zu dieser Zeit wütete die Pest in Europa, viele Menschen versuchten, in den Wäldern und auf entlegenen Bauernhöfen dem Schwarzen Tod zu entgehen. Die Kirche wurde geplündert, einige Ausstattungsobjekte fielen einem Brand zum Opfer. Um 1500 dann war es möglich, mit dem Wiederaufbau zu beginnen. Das Einsetzen der Maßwerkfenster, die Erneuerung des Daches und die Platzierung der spitzen Turmhelme dauerten bis zum Jahre 1512 an. Etwa aus dieser Zeit stammt auch die Figur einer Madonna mit Kind auf einer Mondsichel. Wer die Klosterkirche im nicht weit entfernten Hadmersleben schon besichtigt hat, kann sich bestimmt an die dortige Madonna-Darstellung (ebenfalls auf einer Mondsichel) erinnern. Anfang des 18. Jahrhunderts wurde das Klausurgebäude umgestaltet. Nach der Säkularisation 1804 wurde die Stiftskirche zu einer katholischen Pfarrkirche und das Klostergut zu einer königlich-preußischen Domäne. Von den ehemaligen Stiftsgebäuden sind noch zwei Flügel des spätgotischen Kreuzgangs erhalten geblieben. In dem Klosterpark nördlich der Kirche finden sich zahlreiche Baumraritäten, exotische Sträucher und weitere Gewächse.

Klosterhof 8, D-39393 Am Großen Bruch,
Tel. +49 (0)39401 483 (Pfarrer Ludger Kemming);
Öffnungszeiten im Sommer: Mo-Sa: 9-18 Uhr;
So 12-18 Uhr, im Winter bis zur Dämmerung

Genuss-Tipp

Gaststätte Hamerslebener Hof
Schulstraße 2A
D-39393 Am Großen Bruch
Tel. +49 (0)39401 382

Touristeninformation

Columbusstraße 26
D-39393 Am Großen Bruch
Tel. +49 (0)39401 66330
www.verbgem-westlicheboerde.de

Dedeleben
Zur mittelalterlichen „Tafeley“

Dedeleben liegt zwischen den Höhenzügen Huy (sprich: Hü) und Fallstein im nördlichen Harzvorland. Noch vor 25 Jahren verlief hier die Grenze zwischen den zwei deutschen Staaten, jetzt gilt die Gegend als beliebtes, ruhiges Erholungs- und Ausflugsziel. Und die beste Adresse für alle Liebhaber der Romanik ist das Hotel Wasserschloss Westerburg.

Rund um die Romanik

Wasserschloss Westerburg

Inmitten der weitläufigen Felder liegt in einer Senke die Westerburg, die älteste erhaltene Wasserburg Deutschlands. Ihre „versteckte“ Lage trug wahrscheinlich dazu bei, dass die Burg erstaunlich gut erhalten ist. Andere, auf Anhöhen liegende Burgen sind in der Regel vom Wind und sonstigen Wettereinflüssen stärker betroffen, und ihre exponierte Lage machte sie oft zum Objekt kriegerischer Auseinandersetzungen.

Die älteste erhaltene Wasserburg Deutschlands – die Westerburg

Vermutlich existierte die Westerburg schon zur Zeit Karls des Großen. Die erste gegenwärtig bekannte Erwähnung von Westerburg als Besitz des Bistums Halberstadt stammt aus dem Jahre 1052. Die Grafen von Regenstein waren ab dem Jahr 1180 ihre Lehnsherren. Sie bauten die Westerburg zu einer von einem doppeltem Wassergraben und einem Wall umschlossenen Befestigungsanlage aus. Um zur Burg zu gelangen, waren zwei Tore im nördlichen Teil der Anlage zu passieren. Um 1300 wurde im Südwesten der runde Bergfried errichtet, der vermutlich an der Stelle seines Vorgängers entstand und jetzt den ältesten Teil der Burg darstellt. Um 1450 erweiterte man die Burganlage durch ein Kastell mit einem kleineren rechteckigen Hof. Immer wieder wurden die Bauten umgestaltet, an die neue Nutzung angepasst oder abgetragen. Die mittelalterlichen Grundmauern von fast zwei Metern Stärke wurden dabei in die Neubauten integriert und sind an einzelnen Stellen auch heute noch sichtbar. Westerburg diente früher unter anderem als Gerichtsstätte. 1596 wurden hier zwei und 1597 drei Frauen aus dem etwa drei Kilometer entfernten Rohrsheim als Hexen beschuldigt und zum Tode durch Verbrennen verurteilt. Im 17. Jahrhundert wurde die Westerburg von den Schweden besetzt, jedoch nicht zerstört, da sich die kaiserlichen Truppen rechtzeitig ergaben. Von 1654 bis 1681 dauerten der Bau und die Ausstattung der barocken Burgkapelle. Nach einer umfassenden Rekonstruktion wurde hier im Jahr 2000 ein Privathotel eröffnet. In den Kellerräumen aus der Zeit der Romanik essen heute die modernen „Ritter“ mit ihren Damen, und in der Burgkapelle lässt sich so manches Brautpaar trauen. *Westerburg 34, D-38836 Westerburg-Dedeleben; ganzjährig geöffnet: 8-23 Uhr; Tel. +49 (0)39422 9550; www.hotel-westerburg.de*

Touristeninformation i

Gemeinde Huy-Dedeleben
Ernst-Thälmann-Straße
D-38836 Dedeleben-Huy

Huysburg
Insel des katholischen Glaubens

Auf dem Weg von Westerburg nach Halberstadt bietet es sich an, Huysburg anzuschauen. Die gotischen Spitzdächer der Klosterkirche sind die Wahrzeichen der Gegend und von Weitem zu erkennen. Hier ist ein „lebendiges" Benediktiner-Priorat zu besichtigen. Das Kloster Huysburg überstand die Reformation und existierte weiter bis ins Jahr 1804. Nach der Säkularisation konnte die katholische Pfarrgemeinde die Kirche weiter benutzen. Durch die Mitwirkung der polnischen Benediktinerabtei Tyniec bei Krakau war 1972 eine Wiederbelebung der Benediktiner-Gemeinschaft möglich. Heute ist das katholische Kloster Huysburg als Priorat mit der Abtei St. Matthias in Trier verbunden. Wer nach innerer Ruhe sowie äußerer Ausgeglichenheit sucht, kann im Kloster sowohl übernachten als auch in der Klosterkirche beten. Das Kloster steht Besuchern aller Glaubensrichtungen offen.

Rund um die Romanik

Kloster Huysburg

Die Gründung des Klosters geht auf das Jahr 1080 zurück. Das Grab des ersten Abtes, des 1084 verstorbenen seligen Ekkehard, befindet sich immer noch in der Klosterkirche, im nördlichen Querhausarm. Die Klosterkirche, eine dreischiffige Basilika, ist von außen schlicht gestaltet. Die Rundbogenfenster und -portale weisen den Bau als romanisch aus, und eine zurückhaltende romanische Gestaltung wird denn auch im Inneren der Kirche von vielen Besuchern erwartet. Barocke Elemente wie die reich bemalten Holzdecken (im Mittelschiff und Querschiff), die verzierten Altäre und eine

Kanzel überraschen jedoch viele, die den Raum betreten. Freunde der Romanik erkennen aber sofort den typisch romanischen Grundriss der Kirche und die romanischen Säulen und Pfeiler, nach „rheinischer" Art. Dass die Klosterkirche nach barocker Manier umgestaltet wurde, ist nicht ungewöhnlich. Die kirchlichen Räume waren schon immer mit zahlreichen Bildern versehen, in der Zeit der Romanik meistens mit Wandmalereien. Sie entstanden oft nach und nach zu verschiedenen Anlässen. Was wir in den meisten romanischen Bauten heute vorfinden, entspricht dem Wunsch der Restauratoren, keine falschen Bilder anstelle der verloren gegangenen Originale hinzuzufügen. Deshalb sehen die meisten romanischen Bauwerke „blass" aus. Die mittelalterliche Bevölkerung würde vermutlich die in unserem Jahrhundert restaurierten romanischen Kirchenräume als „unfertig" empfinden und sich für die barocke Gestaltung begeistern. Der Westbau der Klosterkirche mit zwei Türmen stammt aus dem 15. Jahrhundert.

Kloster Huysburg, D-38838 Huy; täglich 8-19.30 Uhr; Führungen nach Vereinbarung; Tel. +49 (0)39425 9610; www.huysburg.de

Über Nacht

Kloster Huysburg
D-38838 Huy
Tel. +49 (0)39425 9610
mail@huysburg.de
www.huysburg.de

Romanische Klosterkirche in Huysburg

Halberstadt
Nicht nur Domschatz und Würstchen

Schon im 9. Jahrhundert verliefen durch Halberstadt wichtige Handelsstraßen nach Braunschweig, Magdeburg und Halle. Die Entfernung zu Magdeburg beträgt sechzig Kilometer, im Mittelalter hätte das zwei Tagesmärsche in nordöstlicher Richtung bedeutet.

Ein genaues Gründungsjahr von Halberstadt lässt sich heutzutage nicht ermitteln, sicher war die Gegend aber schon in vorchristlicher Zeit besiedelt. Seit 827 wird Halberstadt in schriftlichen Quellen als Bischofssitz bezeichnet. In den Chroniken finden sich verschiedene Schreibweisen des Stadtnamens: Halberestat (941), Halverstidi (946, 1018). Im 10. Jahrhundert existierten schon mehrere Stadtteile: Die älteste Siedlung lag wahrscheinlich im Bereich der heutigen Altstadt,

Halberstadt auf einer Ansichtskarte um 1900

eine weitere auf dem Domberg und die dritte in der Gegend um den Fischmarkt. 1179 zerstörte das Heer Heinrichs des Löwen die Stadt. Nach dem Wiederaufbau wurde in Halberstadt 1184 das Goslaer Stadtrecht eingeführt und anstelle früherer Palisaden eine feste Stadtmauer errichtet. Die Mitgliedschaft bei der Hanse erlaubte es den Halberstädtern, ab 1387 gewinnbringenden Handel mit Flandern, den Niederlanden und England zu führen. Da die Stadtbewohner sowohl tüchtig als auch fromm waren, sorgten sie für die alten Klöster und Kirchen und stifteten auch neue. Bis heute ist in Halberstadt eine reiche Kirchenlandschaft erhalten geblieben.

Rund um die Romanik

Dom St. Stephanus und St. Sixtus

Der heutige Dom ist nicht der Bau, der an dieser Stelle ursprünglich stand. 859 war das erste, karolingische Bauwerk geweiht worden, das jedoch nach rund hundert Jahren größtenteils einstürzte. Nach dem Wiederaufbau weihte der Bischof Hildeward den Dom 992 in Anwesenheit Kaiser Ottos III. Nach weniger als 200 Jahren wurde der ottonische Dom bei den Kämpfen zwischen dem Bischof von Halberstadt und Heinrich dem Löwen so stark beschädigt, dass er fast vollständig abgetragen werden musste. Um 1239 begann man, den Dom erneut zu errichten. Als Vorbild dienten französische Kathedralen damaliger Zeit. Zur romanischen Bauphase um 1240 gehört

Der Halberstädter Dom von Südwesten

das gewaltige Westwerk mit den beiden schlanken Türmen, ein Kennzeichen von Halberstadt. Um ein größeres Gebäude als vorher zu erstellen, versetzte man das Westwerk nach außen. Anscheinend war da eine Bauhütte der Zisterzienser-Mönche tätig: Baudekorationen des Westwerks sind auf wenige Elemente begrenzt. Nachdem der neue Westbau vollendet war, baute man anstelle des früheren Westwerks die drei zusätzlichen Langhausjoche. Im Übrigen wurden die Grundrissmaße des ottonischen Domes beibehalten. Inzwischen entwickelte sich die Baukunst: Bessere Baumaterialien, Geräte und Techniken erlaubten es, viel höhere Gebäude zu errichten.

So entstand auf einem romanischen Grundriss ein gotisches Langhaus. Der Raumeindruck ist heute noch überwältigend, und man kann sich vorstellen, wie sich die gläubigen Menschen während der Domweihe 1491 wohl gefühlt haben müssen.

Die Außengestaltung lässt sofort die lange Bauzeit erahnen: Romanische Rundbogenfriese und gotische Spitzbogenfenster sowie weitere Elemente beider Baustile stehen nebeneinander. Anders wirkt der Innenraum, dessen stilistische Reinheit von jedem Besucher unmittelbar wahrgenommen wird. Das Mittelschiff hat ein von Bündelpfeilern getragenes Kreuzrippengewölbe, die Seitenschiffe und das Querschiff sind außerdem mit Netz- und Sterngewölben überspannt. Im Chorraum sind an den Chorpfeilern 14 Figuren angebracht, welche die zwölf Apostel sowie die Heiligen Stephanus und Sixtus darstellen. Die Fenster der Marienkapelle zeigen Szenen aus dem Leben Jesu, es sind die ältesten Glasmalereien des Domes. Weitere reiche Glasmalereien

Halberstädter Dom: Ansicht des Mittelschiffs

beeindrucken, sie stammen aus dem 14. und 15. Jahrhundert. Ein großer Taufstein aus grünlichem Marmor und die Figuren des Triumphkreuzes sind Kunstwerke aus ottonischer Zeit.
Das Kostbarste befindet sich jedoch in der Domschatzkammer: Insgesamt gehören rund 650 Objekte zur Sammlung, Besucher dürfen 300 Exponate anschauen. Einige davon, so das Diptychon des römischen Konsuls Constantinius, werden in das 5. Jahrhundert datiert und stammen aus Byzanz. Besonders interessant sind die liturgischen Kirchengeräte, Gefäße und Gewänder, bestickt mit Perlen, Gold- und Silberfäden. Ein 900 Jahre alter Chormantel, Pluviale genannt, besteht aus goldfarbener Seide. Wenn man bedenkt, dass damals in Europa Kenntnisse über die Herstellung von Seidenstoffen nicht verbreitet waren, darf man wohl schließen, dass der Stoff aus Indien oder China eingeführt wurde. Zwei elf Meter lange Wandteppiche zeigen biblische Geschichten. Sie wurden im 12. Jahrhundert in Handarbeit gewebt und bis ins Jahr 1930 bei festlichen Anlässen im Dom ausgestellt. Das Herzstück des Schatzes ist ein Span vom Kreuz Christi, den Bischof Konrad von Krosigk, Teilnehmer des vierten Kreuzzuges, aus Konstantinopel mitbrachte.
Domplatz, D-38820 Halberstadt; Mai bis Okt.: Mo-Sa 10-17 Uhr (montags ist der Domschatz nicht zu besichtigen); So 11-17 Uhr; Nov. bis Apr.: Di-So 11-16 Uhr; Tel. +49 (0)3941 24237; www.dom-und-domschatz.de

Liebfrauenkirche in Halberstadt

Liebfrauenkirche

An der Westseite des Domplatzes erhebt sich die einzige viertürmige Basilika Mitteldeutschlands. Bischof Arnulf (996-1023) gründete in Halberstadt im Jahre 1005 ein Augustiner-Chorherrenstift.

Aus dieser Zeit stammen die Untergeschosse der Westtürme der Liebfrauenkirche. Zwischen 1140 und 1170 entstanden die Schiffe der Basilika. Das Kirchengebäude ist im Unterschied zum Dom ein rein romanischer Bau: Sowohl das Äußere als auch das Innere der Kirche sind klar gegliedert und betont schlicht gehalten. Die sich abwechselnden Pfeiler mit quadratischem und rechteckigem Grundriss trennen die Seitenschiffe vom Hauptschiff. An das Querhaus schließt sich der im Grundriss quadratische Chor mit halbrunder Apsis an. Diesen flankieren zwei Nebenchöre ebenfalls mit Apsiden.

Die über zwei Meter hohen Chorschranken sind mit farbigen Stuckreliefs geschmückt. Sie zählen zu den besten Arbeiten der deutschen Plastik um 1200. Jeweils sieben Nischen an der Nord- und Südseite zeigen Christus und Maria mit je sechs Aposteln. Das Kruzifix im westlichen Vierungsbogen entstand um 1230.

Die Barbarakapelle ist mit Fresken aus dem 14. Jahrhundert dekoriert. Zu sehen sind Maria, Christus, vier Evangelisten, Propheten und Kirchenväter.

Domplatz 46, D-38820 Halberstadt; Mai bis Okt.: tägl. 10-17 Uhr; Nov. bis März: tägl. 10-16 Uhr; Tel. +49 (0)3941 24210; www.liebfrauenkirche-halberstadt.de

Weitere Sehenswürdigkeiten

Der sogenannte „Lügenstein“

Offenen Auges findet man am Dom auf dem Boden einen großen flachen Stein. Der Legende zufolge soll der erste Bischof von Halberstadt den Grundstein für die Domkirche gelegt und viele geschickte Maurer herbeigerufen haben. Der Teufel sah die schnell in die Höhe wachsenden Mauern und freute sich über das Entstehen eines Wirtshauses. Jede Nacht half er heimlich beim Bau mit und stockte die Mauern auf. Eines Tages aber erkannte der Teufel, dass eigentlich eine Kirche gebaut wurde. Als die Gesellen am nächsten Morgen ihre Arbeit aufnahmen, sahen sie

plötzlich hoch oben auf der Mauer den Teufel mit einem riesigen Felsbrocken in der Hand. Er ärgerte sich, an „falscher" Stelle geholfen zu haben, und wollte die Bauleute töten und den Bau vernichten. Da trat ein mutiger Geselle vor und versprach dem Teufel, neben dem Dom eine Schänke zu bauen, wenn dieser darauf bestehe. Der Teufel ließ den Felsbrocken aus der Hand fallen, ohne dass jemand zu Schaden kam, und verschwand. Der Dom wurde glücklich vollendet, und am Domplatz existierte tatsächlich bis 1860 ein Domkeller. Schon über tausend Jahre liegt neben dem Dom der Teufelsstein. Manche nennen ihn auch Lügenstein.
Donplatz 46, D-38820 Halberstadt

Kurien und Dompropstei
Direkt am Domplatz befinden sich die Wohnhäuser der ehemaligen Domherren, die Kurien. Das zweigeschossige Haus im Renaissance-Stil wurde um 1600 für den ersten protestantischen Bischof von Halberstadt, Heinrich Julius von Braunschweig, gebaut. Das Untergeschoss mit Arkaden wurde massiv gemauert, das Obergeschoss in Fachwerkbauweise ausgeführt.

Marktkirche St. Martini in Halberstadt

Marktkirche St. Martini
Neben dem Fischmarkt befindet sich die Marktkirche St. Martini. Die ursprünglich romanische Kirche wurde im 13. Jahrhundert zu einer gotischen Hallenkirche umgebaut. Ihre verschieden hohen Türme dienten früher als Wachtürme.

Kirche St. Andreas
Die Kirche St. Andreas in der Franziskanerstraße 2 war früherer eine Klosterkirche des Franziskanerordens. Das Kloster wurde noch zu Lebzeiten von St. Franziskus

gegründet. Die Kirche wurde 1945 stark zerstört, ist heute aber wieder aufgebaut und dient der katholischen Kirchengemeinde als Pfarrkirche.

Johanniskirche

In der Westendorfstraße 20 ist ein Fachwerkbau aus dem 17. Jahrhundert mit Fenstern in Spitzbogenform zu bewundern. An dieser Stelle befand sich seit dem 11. Jahrhundert das Johanniskloster. Es wurde zwischen 1060 und 1631 fünfmal zerstört, zuletzt im Dreißigjährigen Krieg durch die schwedischen Truppen. Nach Kriegsende spendeten Königin Christina von Schweden und der schwedische Marschall Torstenson Geld für den Aufbau der Klosterkirche. Deshalb heißt die Johanniskirche im Volksmund „Schwedenkirche“. Neben der Kirche ist ein freistehender Glockenturm zu sehen.

Pfarrkirche St. Moritz

Auf dem Moritzplan, heute Domplatz 18, steht eine romanische Basilika. Sie beherbergt die älteste Kirchenglocke von Halberstadt aus dem Jahr 1231.

Roland von Halberstadt

An der Westseite des Rathauses auf dem Marktplatz steht ein Roland. Nach dem Roland von Bremen ist er der zweitälteste in Deutschland.

Das Jagdschloss Spiegelsberge

Ausflugstipp

Park und Jagdschloss Spiegelsberge

Im Landschaftsgarten Spiegelsberge findet man jederzeit Beschäftigung: Aussichtstürme und mehrere Grotten warten förmlich darauf, entdeckt zu werden, der Spielplatz an der Jahnwiese und der Tiergarten locken Kinder an. Das Restaurant im Jagdschloss war und bleibt das beliebteste Wochenendziel der Halberstädter und der Gäste von außerhalb. Im Restaurant findet man ein Weinfass, das einen jeden in Erstaunen versetzt. Keiner weiß genau, ob das in Deutschland älteste erhaltene Riesenweinfass je gefüllt wurde. Es entstand 1594 im Auftrag von Herzog Heinrich Julius von Braunschweig, der vielleicht eine große Menge von Zehntwein erwartete.
Spiegelsberge 6, D-38820 Halberstadt; Tiergarten: Mai bis Sept.: 9-19 Uhr; Okt. bis April: 9-17 Uhr; Restaurant: Tel. +49 (0)3941 583995; www.jagdschloss-halberstadt.de; Tischreservierung gewünscht

Über Nacht

Haus Sankt Florian
Gerberstraße 10
D-38820 Halberstadt
Tel. +49 (0)3941 595857

Gästehaus Spiegelsberge
Spiegelsberge 5
D-38820 Halberstadt
Tel. +49 (0)3941 583995
www.jagdschloss-halberstadt.de

Der Roland von Halberstadt

Genuss-Tipp

Restaurant Alt-Halberstadt
Voigtei 17
D-38820 Halberstadt
Tel. +49 (0)3941 600622
www.alt-halberstadt.de

Touristeninformation

Hinter dem Rathause 6
D-38820 Halberstadt
Tel. +49 (0)3941 551815
www.halberstadt.de

Osterwieck Märchenhafte Fachwerkhäuser

Es gibt Städte, in denen eine Kirche oder ein Schloss zu den vom Staat geschützten Denkmälern zählen. In Osterwieck ist das nicht so: Hier ist gleich die komplette Stadt denkmalgeschützt. Dass die heute 4000 Einwohner zählende Kleinstadt uralte Wurzeln hat, verrät ihre Struktur mit ringförmig um den Marktplatz verlaufenden Straßen. Nur in der Stadtmitte gibt es einige wenige Steinbauten, die sonstigen Gebäude sind Fachwerkhäuser, und fast jedes Haus ist mit einem Spruch, einem bunten Wappen oder raffinierten Flechtband auf dem Gebälk geschmückt. Durch seine Ornamente kam das Haus in der Schulzenstraße 8 zu seinem Namen „Eulenspiegelhaus", weil jemand im Schnitzwerk eine Eule und einen Spiegel erkannte. Andere Häuser weisen in den Dekorationen auf die Berufszugehörigkeit ihrer Erbauer hin.

Ansicht von Osterwieck mit der Kirche St. Stephani

An liebevoll restaurierten Fachwerkfassaden warten Abbildungen von Werkzeugen, Zauberknoten, Tieren und Pflanzen darauf, von Fotografen entdeckt zu werden. Durch Osterwieck verläuft neben der Straße der Romanik auch die Deutsche Fachwerkstraße.
Osterwieck ist möglicherweise die älteste schriftlich nachweisbare Stadt in Sachsen-Anhalt, denn schon in einer Urkunde Karls des Großen von 780 wurde der Ort als Salingenstede genannt und eine Kirche St. Stephanus mit einem Missionszentrum gegründet. Wahrscheinlich war diese erste Kirche aus Holz errichtet, denn heute ist sie spurlos verschwunden.
Der Stadtname Osterwieck ist seit 1073 urkundlich belegt. Das Stadtwappen zeigt eine fünfblättrige Wappenrose, die eine Hälfte in weißer, die andere in roter Farbe. Man nennt sie die „Osterwiecker Rose".

Rund um die Romanik

Kirche St. Stephani

Von dem ursprünglich romanischen Bau ist lediglich das Westwerk erhalten geblieben. Das romanische Kirchenschiff wurde 1552 abgerissen, und nach nur fünf Jahren entstand an seiner Stelle eine größere dreischiffige, fünfjochige Hallenkirche, die nach den Restaurierungsarbeiten der letzten Jahre wieder für Besucher zugänglich ist. Im Mittelschiff dieses spätgotischen Baues sind von dem Vorgängerbau aus der romanischen Zeit zwei Pfeiler, heute die Chorbogenpfeiler, erhalten geblieben. Es ist nicht auszuschließen, dass es sich hierbei um die Vierungspfeiler der abgerissenen romanischen Kirche handelt. Das Westwerk der Kirche St. Stephani hat zwei 54 Meter hohe Türme, die zum Wahrzeichen

Steinepitaph von Lippold XIII. (1495-568)

Genuss-Tipp

Gaststätte Ratsgarten
Rudolf-Breitscheid-Allee 15
D-38835 Osterwieck
Tel. +49 (0)39421 74739

Gasthof Zur Weinschenke
Leipziger Straße 6
D-38835 Hessen
Tel. +49 (0)39426 239
www.weinschenke.de

der Stadt geworden sind. Das Westwerk entstand nicht in einer Bauphase, sondern wurde schrittweise aufgestockt. Ein aufmerksamer Betrachter wird die Unterschiede im unregelmäßig geschichteten Mauerwerk feststellen können.

Der erste Bauabschnitt lässt sich an den Halbsäulen der Westfassade und den drei Stockwerken ablesen. Über den ersten drei Stockwerken errichtete man eine Glockenstube in der Breite des Westwerks.

Erst auf diese Glockenstube setzte man die Türme mit weiteren Glockengeschossen.

Noch vor einigen Jahren zählte das Westwerk der Kirche St. Stephani zu den Bauten aus dem 12. Jahrhundert. Vor kurzem wurde ein Gerüstholz im Westwerk gefunden und von Wissenschaftlern untersucht.

Die dendrochronologische Untersuchung ergab als Fällungsdatum 1089. Eine Kirche zu erbauen, dauerte im Mittelalter Jahrzehnte, manchmal gar Jahrhunderte. Folglich ist auch ein noch früheres Datum für den Baubeginn des Westwerks möglich. Das Westwerk der Kirche St. Stephani wird vielleicht bald offiziell zu den Bauten des 11. Jahrhunderts zählen.
Im Inneren der Kirche ist ein glockenförmiger Taufkessel aus Bronze zu bewundern. Er wird von vier bronzenen Figuren getragen. Der Taufkessel stammt aus dem romanischen Vorgängerbau der Kirche und wurde im 13. Jahrhundert vermutlich in einer Glockengießerei angefertigt. Weitere Ausstattungsobjekte sind ein spätgotischer Altar, eine Renaissance-Kanzel und das Chorgestühl aus der Zeit um 1620.
Im Chor finden sich Abbildungen der Osterwiecker Rose auf den Rosetten um den Schlussstein.
Stephanikirchhof 2, D-38835 Osterwieck; Di-Fr 10.30-16.30 Uhr, Sa, So: 11-12 Uhr und 13-17 Uhr; Führungen nach vorheriger Anmeldung: Tel. +49 (0)39421 74262

Über Nacht

★★★ Hotel Brauner Hirsch
Stephanikirchstraße 1
D-38835 Osterwieck
Tel. +49 (0)39421 7950
www.hotel-braunerhirsch.de

Pension „Waldhaus"
Am Fallstein 1
D-38835 Osterwieck
Tel. +49 (0)39421 6180
www.waldhaus-osterwieck.de

Oben links: Die Orgel der Kirche St. Stephani, unten links: Der spätgotische Flügelaltar der Kirche St. Stephani, unten rechts: Renaissance-Kanzel der Kirche St. Stephani

Weitere Sehenswürdigkeiten

Nikolaikirche

Es ist schön, bei gutem Wetter durch die Stadt zu bummeln und in der Nikolaikirchstraße die Nikolaikirche zu besichtigen, die einschiffige Pfarrkirche aus dem 16. Jahrhundert. Die Aufmerksamkeit von Besuchern verdienen hier eine bemalte Raumdecke und der Flügelaltar aus dem 15. Jahrhundert mit Bildern aus der Passion Christi.
Nikolaistraße, D-38835 Osterwieck

Touristeninformation

Am Markt 10
D-38835 Osterwieck
Tel. +49 (0)39421 793555
stadtinformation@
stadtosterwieck.de

Ilsenburg (Harz)
Hexen-Raststätte

Eine schönere Lage für ihre Raststätte konnten die Hexen wahrscheinlich nicht finden, denn Ilsenburg, am Ausgang des Ilsetals im Nationalpark Harz gelegen, ist an drei Seiten von bewaldeten Bergen umgeben. So geht die Legende: Es begab sich einmal, dass in Ilsenburg die Hexen rasteten, weil sie von ihren langen Flügen auf dem Besen müde waren. Sie sahen den Brocken, nur zehn Kilometer (für uns) bzw. wenige Flugminuten (für Hexen) von Ilsenburg entfernt. Der 1141 Meter hohe Brocken mit seiner abgerundeten Kuppe, von Hexen Blocksberg genannt, schien ein toller Platz für die nächtliche Hexen-Disko zu sein. Nachdem die Stadtbewohner sich als sehr freundlich erwiesen hatten, entschieden die Hexen, stets hier zu rasten und den Ilsenburgern bei der Eisengewinnung und -verarbeitung zu helfen. 1530 brachten die klugen Hexen den Grafen Botho zu Stolberg auf die Idee, eine Eisengießerei einzurichten. Für die Gussplatten machte

Ansicht des ehemaligen Klosters St. Peter und Paul vom Buchberg

damals sogar Albrecht Dürer Entwürfe. Die Qualität des Gusseisens war sehr hoch, und so wurde Ilsenburg so bekannt, dass selbst Kaiser und Könige hierher kamen, darunter etwa im Jahre 1697 der russische Zar Peter der Große und im Jahre 1929 König Fu'ad I. von Ägypten. Die Anzahl rastender Hexen und erholungsuchender Stadtgäste wuchs, weshalb die Ilsenburger mehrere Ferienwohnungen und Pensionen eröffneten.

Gut zu wissen...

Der Wortteil „Ilse" in Ilsenburg hat mit keiner Frau dieses Namens zu tun, sondern leitet sich von der altdeutschen Bezeichnung „Elysina" für die Erle ab.

Rund um die Romanik

Ehemaliges Benediktinerkloster St. Peter und Paul

Am Fluss Ilse stand im 9. Jahrhundert eine Jagdpfalz, in historischen Quellen Elysinaburg genannt. Diese Burg vermachte Heinrich II. im Jahre 1003 dem Bischof von Halberstadt, der sie zu einem Benediktinerkloster ausbauen und 1018 weihen ließ. Zum Kloster gehörten jedoch keine Wald- oder Ackerflächen. Es wurde zu einem der ersten Klöster in der Harzregion. 1070 berief Bischof Burchard II. von Halberstadt seinen Neffen Herrand aus der Abtei Gorze bei Metz (im heutigen Frankreich) als Abt nach Ilsenburg. Herrand war ein frommer und gebildeter Mann, er gründete eine Klosterbibliothek und eine Schreibschule, die bald auch außerhalb des Klosters bekannt wurden. In den Jahren 1078 bis 1087 entstand eine Kirche, die in ihrer Form den Prinzipien der

Die Klosterkirche in Ilsenburg

Genuss-Tipp

***** Restaurant und Hotel Zu den Rothen Forellen
Marktplatz 2
D-38871 Ilsenburg (Harz)
Tel. +49 (0)39452 9393
www.rotheforelle.de

Reformbewegung von Cluny entsprach. Von Cluny kamen wahrscheinlich auch die Mönche, die in der Bibliothek, in der Schreibstube und am Bau arbeiteten. Das Kirchengebäude ruhte als flachgedeckte Basilika auf einem kreuzförmigen Grundriss. Der Chorraum war dreischiffig und baulich als ein logischer Abschluss des dreischiffigen Langhauses anzusehen. Eine Krypta wurde nicht geplant. An die Kirche schlossen sich der Kapitelsaal mit dem Dormitorium im Obergeschoss und Refektorium an.
Während des Bauernkriegs verließen die Mönche ihr Kloster, die Gebäude wurden stark beschädigt. Nach der Reformation erwarben die Grafen zu Stolberg-Wernigerode die Klosteranlage, die sie nach Umbauten und Renovierungen zu Wohnzwecken nutzten und im 19. Jahrhundert gar zu einem Schloss umfunktionierten. Im 20. Jahrhundert war hier dann ein Hotel untergebracht. Was heute vor unseren Augen anstelle einer früheren imposanten romanischen Kirche erscheint, sind lediglich ihre Reste. Das Mittelschiff ist in vier Joche untergliedert, als Stützen für die Rundbögen treten abwechselnd Pfeiler und Säulen hervor („Rheinischer Stützenwechsel"). Sowohl Pfeiler als auch Säulen wurden gemauert. Vom Querhaus ist nur die südliche Hälfte erhalten. Der untere Teil des vormals zweitürmigen Westwerks stammt noch aus romanischer Zeit. Es bedarf eines guten Maßes kreativer Vorstellungskraft, um die tatsächliche Größe und ehemalige Schönheit dieses Bauwerks zu erahnen.

Innenansicht der Klosterkirche St. Peter und Paul

In weiteren Klostergebäuden werden derzeit Bauarbeiten durchgeführt; nach deren Beendigung entsteht in Refektorium, Kapitelsaal und Dormitorium ein Hotel.
Marktplatz 1, D-38871 Ilsenburg (Harz); Mo-Fr: 10-16 Uhr, Sa-So; 14-16 Uhr; Führungen nach Anmeldung bei der Touristeninformation Ilsenburg; Tel. +49(0)39452 19433; www.klosterilsenburg.de

Weitere Sehenswürdigkeiten

Hütten- und Technikmuseum

In der Ilsenburger Fürst Stolberg Hütte wird eine Besichtigung mit Schaugießen angeboten, die sowohl technisch interessierte Erwachsene als auch Schulkinder begeistert.
Marienhöfer Straße 9b, D-38871 Ilsenburg (Harz); Mi-Sa: 13-16 Uhr; Tel. +49 (0)39452 2494; www.vg-ilsenburg.de

Ausflugstipp

Wanderung

In Ilsenburg findet sich ein umfangreiches Wander- und Radwegnetz. Dazu gehören u. a. der 24 Kilometer lange Heinrich-Heine-Weg, ein Rundwanderweg zum Brocken und zurück, ein weiterer Weg entlang der Ilsefälle und zum Ilsestein sowie der Harzer Klosterwanderweg. Der Treff- und Ausgangspunkt für viele Ausflüge, ein Parkplatz in der Mühlenstraße 16a, heißt Blochauer.
Die Schilder mit einer radelnden Hexe mit Besen im Gepäck weisen Radfahrern den Weg.
Ein Abstecher ins zehn Kilometer entfernte Wernigerode lohnt ebenfalls.
www.harzer-klosterwanderweg.de

Über Nacht

★★★★ Kurpark-Hotel
Im Ilsetal 16
D-38871 Ilsenburg (Harz)
Tel. +49(0)39452 9560
www.kurparkhotel-ilsenburg.de

★★★ Waldhotel Am Ilsestein
Im Ilsetal 9
D-38871 Ilsenburg (Harz)
Tel. +49 (0)39452 9520
www.waldhotel-ilsenburg.de

Touristeninformation

Tourist-Information Ilsenburg
Karl-Marx-Straße 1
D-38871 Ilsenburg (Harz)
Tel. +49 (0)39452 19433
www.ilsenburg.de

Drübeck
Zur Ruhe kommen

Am Nordrand des Harzes, nur dreieinhalb Kilometer von Ilsenburg entfernt, liegt der kleine Erholungsort Drübeck, heute ein Ortsteil von Ilsenburg. Die Entstehung und Entwicklung der Siedlung war und blieb mit der Geschichte des Benediktinerinnen-Klosters St. Vitus aufs engste verbunden. Heute wird die Klosteranlage als evangelisches Tagungszentrum, Bildungsstätte und Hotel genutzt. Die romanische Klosterkirche ist von bedeutenden, nach historischen Angaben angelegten Gärten umgeben.

Rund um die Romanik

Benediktinerinnen-Kloster St. Vitus zu Drübeck

Das Benediktinerinnen-Kloster St. Vitus ist eines der ältesten Klöster in der Harzregion. Noch vor Kurzem hieß es, dass es 877 von Mönchen des Klosters Corvey gegründet wurde. Heute bezweifelt man dieEchtheit der entsprechenden Urkunde. In einem weiteren

Kloster St. Vitus zu Drübeck

Dokument von 960 wird das Kloster unter dem Namen Drubechi erwähnt. Die Klosterkirche in Drübeck wurde als dreischiffige Basilika im Wesentlichen im 11. und 12. Jahrhundert errichtet. Das Langhaus bestand aus drei Doppeljochen auf Säulen und Pfeilern im einfachen (rheinischen) Stützenwechsel: Pfeiler-Säule-Pfeiler. Die runden Säulen sind nicht monolithisch, sondern aufgemauert. Um das Gewicht der Obergadenmauer abzufangen und besser auf die Pfeiler abzuleiten, sind je zwei Arkadenbögen mit einem Überfangbogen überspannt, so dass sich ein Biforium-Motiv bildet. Der dreischiffige Chor war mit drei Apsiden abgeschlossen. Gegen 1170 entstand der zweitürmige Westbau. Nach Reformation und erfolgter Säkularisierung wurde ein evangelisches Damenstift eingerichtet. Doch die Klostergebäude fielen mehr und mehr der Zerstörung anheim. Um 1660 wurde das Nordschiff wegen Baufälligkeit abgetragen, später die fünfschiffige Krypta teilweise zugeschüttet. Erst im 19. Jahrhundert wurde die kunsthistorische Bedeutung des Klosters anerkannt und mit der Wiederherstellung des Westbaus begonnen. Parallel bestand das evangelische Fräuleinstift weiter bis zum Tode der letzten Stiftsdame in den 1950er Jahren. Eine gründliche Restaurierung begann 1953. Dabei gewann man durch Absenken des Fußbodenniveaus den ursprünglichen romanischen Raumeindruck zurück. Die Arkaden wurden neu aufgemauert, die Krypta wurde freigelegt und das Südschiff wiederhergestellt.

Klostergarten 6, D-38871 Ilsenburg; tägl. 6.30-19 Uhr; Führungen: Apr. bis Okt.: Mo-Sa: 14 Uhr; Nov. bis März nach Absprache; Tel. +49 (0)39452 94330; www.kloster-druebeck.de

Über Nacht

Ev. Zentrum Kloster Drübeck
Klostergarten 6
D-38871 Drübeck
Tel. +49 (0)3945 294300

Touristeninformation

Ev. Zentrum Kloster Drübeck
Klostergarten 6
D-38871 Drübeck
Tel. +49 (0)39452 94300
www.kloster-druebeck.de

Blankenburg (Harz) Kur, Kultur und Natur

Am Nordrand des Harzes, südlich von Halberstadt und westlich von Quedlinburg, liegt der beschauliche Kurort Blankenburg. Mit etwa 20.000 Einwohnern hat er alle Einrichtungen einer Großstadt, dennoch fühlt man sich hier der Natur nah. Das genaue Entstehungsdatum von Blankenburg ist nicht überliefert, aber in einer Urkunde von 1123 wurde *castrum Blankeburch* erwähnt. 1233 begann man mit dem Bau einer Befestigungsmauer und des Rathauses. Auf dem Kalkfelsen Blankenstein thront jetzt anstelle der ersten Burg ein barockes Schloss. Man nennt es das Große Schloss, weil es unten noch ein Kleines Schloss gibt, das zuerst als Gästehaus geplant war.

Blick auf das Große Schloss in Blankenburg (Harz)

Rund um die Romanik

Ehemaliges Zisterzienser-Kloster Michaelstein

Etwa drei Kilometer nördlich von Blankenburg befindet sich das ehemalige Kloster Michaelstein. Die Geschichte des Klosters ist ungewöhnlich und wechselhaft, sie begann in der nicht weit entfernten Höhle Volkmarskeller. Ihren Namen erhielt die Höhle durch Volkmar, einen gläubigen Einsiedler, der in der Höhle eine dem Erzengel Michael geweihte Kirche einrichtete. Bei dieser erstmals im Jahre 956 erwähnten Kirche bildete sich anscheinend eine christliche Gemeinschaft, so dass in einer Urkunde aus dem Jahre 1146 schon ein Kloster erwähnt wird.

Im Jahre 1160 verlegte man das Kloster Michaelstein an die jetzige Stelle. Zerstörungen im Bauernkrieg und nachfolgende Plünderungen führten im Jahre 1543 zur Auflösung des Klosters. Nach der Reformation bestand es noch als Protestantische Lehranstalt und als Prediger-Seminar. Im 19. Jahrhundert fanden sich hier nur Lagerräume.

Seit einiger Zeit werden die Klosterräume restauriert, zwei Klostergärten wurden nach historischen Vorbildern neu angelegt. Heute sind hier die Musikakademie Sachsen-Anhalt, ein Orchester und eine Ausstellung historischer Musikinstrumente untergebracht. Der Zugang zum Kloster erfolgt an der Ostseite durch das Tor mit Torturm. Über dem Eingangsbogen sind zwei Reliefs zu sehen: An einem ist „Christus am Kreuz“ abgebildet, das andere trägt den Namen „Hl. Michael mit dem bezwungenen Satan unter

Das Einfahrtstor zum Kloster Michaelstein

Über Nacht

★★★★ Schlosshotel Blankenburg
Schnappelberg 5
D-38889 Blankenburg (Harz)
Tel. +49 (0)3944 36190
www.schlosshotel-blankenburg.de

****** Hotel-Pension Am Kurpark***
Albert-Schneider-Straße 4
D-38889 Blankenburg (Harz)
Tel. +49 (0)3944 90080
info@hotel-pension-am-kurpark.de

seinen Füßen". Von den Klostergebäuden sind der Kreuzgang, der Kapitelsaal und das Refektorium erhalten geblieben. Das Refektorium, der Speisesaal der Mönche, ist der größte Raum des Klosters und wird als Konzertsaal genutzt. Sein Gewölbe wird von drei Säulen und zwei Pfeilern getragen. Die romanischen Würfelkapitelle der Säulen sind plastisch gestaltet und zusätzlich farbig gefasst. Der Nordflügel wurde im 14. Jahrhundert durch einen gotischen Anbau verbreitet und der Kreuzgang mit den Spitzbogenarkaden versehen. Der Westflügel, in seinen Grundmauern romanisch, wurde im 18. Jahrhundert zu einer Kirche umfunktioniert. Einer der erwähnten Gärten ist ein Kräutergarten. Über 250 Kräuterpflanzen sind hier zu finden, die zum Würzen von Speisen, zur Herstellunng von Arzneien sowie als Raumdüfte in Heilbädern und Klöstern genutzt wurden. Im anderen Garten wachsen vorwiegend Gemüsepflanzen. Die Sammlung der Musikinstrumente beinhaltet verschiedene „klingende" Objekte aus den drei letzten Jahrhunderten, darunter mehrere Flöten, Saiten- und Tasteninstrumente, von denen einige auch gespielt werden dürfen. Besonders interessant ist eine „Musikmaschine", die sich in der ehemaligen Scheune befindet. Sie stellt einen Nachbau einer Konstruktion von Salemon de Caus (1576-1626) dar, einem Gelehrten und Physiker. Während der Führung durch die Sammlung von Musikinstrumenten wird diese komplizierte Anlage „zur Produktion der Musik" in Gang gesetzt.

Michaelstein 3, D-38889 Blankenburg (Harz);
Di-Sa 14-17 Uhr, So 10-17 Uhr; Tel. +49 (0)3944 90300;
www.kloster-michaelstein.de

Weitere Sehenswürdigkeiten

Das ehemalige Große Schloss

Anstelle eines früheren Renaissanceschlosses entstand in Blankenburg ein barocker Bau. Möglicherweise wurden beim Umbau 1705-1718 auch Teile der vorherigen Burg einbezogen. Die Fragmente eines Bergfrieds sind heute die einzigen Beweise der Existenz einer Burg an diesem Ort.

Das Große Schloss in Blankenburg

Pfarrkirche St. Bartholomäus

Diese Kirche, auch Bergkirche genannt, wurde erstmals 1203 dokumentarisch erwähnt. Aus der Zeit der Romanik sind nur einige wenige Teile am Turm und im Langhaus erhalten geblieben. Im Chor sind vier etwa lebensgroße Stifterfiguren aus Gips zu sehen, sie stammen aus dem 13. Jahrhundert. Durch die Bemalung wirken die Figuren realistisch und erinnern an die Stifterfiguren des Naumburger Domes.

Bartholomäuskirchhof, D-38889 Blankenburg (Harz); tägl. 10-18 Uhr, im Winter bis 16 Uhr, Gottesdienst Sonntag um 9.30 Uhr; Führung nach Absprache mit Pfarrer Axel Lundbeck: Markt 9, D-38889 Blankenburg (Harz), Tel. +49 (0)3944 369075 www.evangelisch-in-blankenburg.de

Genuss-Tipp

Historische Fischgaststätte
Michaelstein 14
D-38889 Blankenburg (Harz)
Tel. +49 (0)3944 351114
klosterfischer@t-online.de

Touristeninformation

Touristen- und Kurinformation
Markt 3
D-38889 Blankenburg (Harz)
Tel. +49 (0)3944 2898
www.blankenburg-urlaub.de

Quedlinburg Weltkulturerbe der UNESCO

Ringsum von Hügeln umgeben liegt am Lauf der Bode Quedlinburg. Der Legende nach stand auf dem dreißig Meter hohen Burgberg bereits im 5. Jahrhundert eine Burg eines Thüringers namens Quitilo. Daher kommt der Stadtname Quedlinburg.
Die Stadt Quedlinburg mit ihren über tausend Fachwerkhäusern, von denen 330 denkmalgeschützt sind, und einer größtenteils erhaltenen mittelalterlichen Stadtmauer ist heute als Weltkulturerbe der UNESCO anerkannt.

Rund um die Romanik

Schlossberg mit der Stiftskirche St. Servatius und St. Dionysius

Der heutige Schlossberg, auch Burgberg oder Domberg genannt, ist das Wahrzeichen von Quedlinburg. Er steht symbolisch für den Anfang der Stadt und ist zur letzten Ruhestätte der Eltern von Otto I. geworden. Die früheste heute bekannte Erwähnung Quedlinburgs aus dem Jahre 922 ist eine Schenkungsurkunde,

Ansicht der Stadt Quedlinburg vom Schlossberg

in der König Heinrich I. seinen Königshof am Fuße des Burgberges villa Quitilingaburg nannte. Zu diesem Zeitpunkt existierten bereits eine Wehranlage, eine Vorburg, eine Kapelle und ein Dorf für Hörige. Heinrich I. weilte gern in seinem Königshof in Quedlinburg und wollte auch hier begraben werden. 929 wurde Quedlinburg Mathilde, der Gemahlin Heinrichs I., als Witwensitz zugesprochen. Am 2. Juli 936 starb Heinrich I., der Begründer des Deutschen Reiches. Er wurde auf dem Burgberg in der Kapelle vor dem Altar bestattet. Auf Fürsprache der Königin Mathilde gründete ihr Sohn König Otto I. ein Kanonissenstift für Töchter des Adels. Dem Stift wurden große Ländereien mit Dörfern angegliedert. Mathilde begann als Vorsteherin des Stiftes mit dem Bau einer größeren Stiftskirche anstelle der kleinen Kapelle. 968 starb Mathilde und wurde neben ihrem Gemahl bestattet. Sie wird heute als die Heilige Mathilde verehrt. Kaiser Otto III. verlieh 994 dem Damenstift das Markt-, Münz- und Zollrecht. Mehrere Reichstage und kirchliche Konvente fanden im Mittelalter in Quedlinburg statt. Beim großen Hoftag von 973 waren auch zahlreiche

Genuss-Tipp

Gaststätte Zur schwarzen Küche
Pölkenstraße 22
D-06484 Quedlinburg
Tel. +49 (0)3946 524060

Cafe & Restaurant Am Finkenherd
Schlossberg 15
D-06484 Quedlinburg
Tel. +49 (0)3946 810373
www.cafe-amfinkenherd.de

Stiftskirche St. Servatius und St Dionysius

Über Nacht

Hotel Schlossmühle
Kaiser-Otto-Straße 28
D-06484 Quedlinburg
Tel. +49 (0)3946 7870
www.schlossmuehle.de

Hotel Domschatz
Mühlenstraße 20
D-06484 Quedlinburg
Tel. +49 (0)3946 705270
www.quedlinburg-hoteldom-schatz.de

ausländische Gäste zu Besuch. Die neue Stiftskirche über einem kreuzförmigen Grundriss wurde weiter gebaut und konnte 1021 geweiht werden. Nach kaum fünfzig Jahren beschädigte ein Brand die Stiftskirche so stark, dass man wieder mit dem Neubau beginnen musste. Erst 1129 wurde die Stiftskirche fertiggestellt, die heute von Touristen bewundert wird. *Schlossberg 1, D-06484 Quedlinburg; Di-So: 10-17 Uhr; Tel. +49 (0)3946 709900; www.dom-domschatz.de*

Basilika St. Wiperti

Für den Bau der Stiftskirche und anderer Stiftsgebäude wurde auf dem Burgberg so viel Platz benötigt, dass man das dort ansässige Kanonikerstift in das südwestlich liegende Tal an die Stelle des ehemaligen Königshofs verlegte. Die frühere kleine Saalkirche im königlichen Wirtschaftshof wurde abgetragen, an ihrem Platz entstand um 950 die dreischiffige Basilika. Von diesem ersten Bau stammen der Chor und die Krypta der jetzigen Kirche. Die Krypta unter dem Chor wurde als dreischiffige tonnengewölbte Halle ausgeführt. Als Stützen dienen abwechselnd Pfeiler und Säulen. Das ist das früheste bekannte Beispiel eines solchen Stützenwechsels in Deutschland. An der Apsiswölbung befinden sich Spuren von Freskomalereien. Das Kirchengebäude wurde mehrfach umgestaltet und verfügt neben romanischen auch über Bauteile aus späteren Zeiten.

Krypta in der Basilika St. Wiperti

Zuletzt setzte man 1956 das romanische Portal der zerstörten Klosterkirche St. Marien auf dem Münzenberg ins rekonstruierte südliche Seitenschiff ein. Das Relief im Tympanon zeigt die Anbetung Mariens, zwei eingestellte Säulen an den Seiten des Portals haben dekorierte Kapitelle.

Wipertistraße, D-06484 Quedlinburg; Anmeldung zur Führung beim Kath. Pfarramt St. Mathilde: Neuendorf 4, D-06484 Quedlinburg; Mai bis Okt.: Mo-Sa: 10-12 Uhr und 14-17 Uhr; So: 14-17 Uhr; Nov. bis Apr.: nur nach Vereinbarung; Tel. +49 (0)3946 915082

Weitere Sehenswürdigkeiten

Stadtrundgang Quedlinburg

Von der mittelalterlichen Stadtbefestigung sind noch bedeutende Fragmente der Stadtmauer und einige Wachtürme erhalten geblieben. Der Marktplatz mit dem Renaissance-Rathaus ist von historischen Fachwerkhäusern umgeben. Vor dem Rathaus steht der steinerne Roland. Die Figuren der Stadtmusikanten am Marktplatz lassen viele Passanten schmunzeln. Hier steht auch die Marktkirche St. Benedikti mit ihren verschiedenen Turmbekrönungen. Ihr quergestellter Westbau zeigt in seinen unteren Bereichen romanische und gotische Merkmale, die dreischiffige gotische Hallenkirche stammt aus dem 15. Jahrhundert. Zwischen Schlossberg und Markt soll sich der spätere König Heinrich I. auf einem kleinen Platz, dem „Finkenherd", mit dem Vogelfang beschäftigt haben. Das Gedicht: „Herr Heinrich sitzt am Vogelherd recht froh und wohlgemut..." haben viele Generationen deutscher Kinder in der Schule gelernt.

Das Rathaus in Quedlinburg

Touristeninformation

Markt 2
D-06484 Quedlinburg
Tel. +49 (0)3946 9056
www.quedlinburg.de

Gernrode
Letzte Ruhestätte des Markgrafen Gero

Der staatlich anerkannte Erholungsort Gernrode ist seit 2011 ein Ortsteil der Stadt Quedlinburg. Historische Quellen berichten, dass in dieser Gegend schon seit dem 12. Jahrhundert Bergbau betrieben wurde. Das Schicksal des malerisch angelegten Ortes Gernrode war jedoch nicht ausschließlich vom Abbau der Erze im Harz abhängig, sondern vielmehr von der wirtschaftlichen Lage des Reichsstifts St. Cyriakus, denn von Obstbau, Feld- und Waldwirtschaft auf den Landgütern des Stiftes profitierten auch Bauern und Kaufleute. Der Umbau und die Ausstattung des Stiftes im Mittelalter förderten die Entwicklung des Handwerks. Die Anzahl der unterschiedlichen handwerklichen Kleinbetriebe erhöhte sich, und im Jahre 1539 erlangte Gernrode Stadtrecht.
Die Industrialisierung des 19. Jahrhunderts ging an Gernrode vorbei. Dafür sind hier wunderschöne Landschaften erhalten geblieben, die den Ort zu einem beliebten Urlaubsziel gemacht haben.

Ansicht von Gernrode mit der Stiftskirche am linken Bildrand

Rund um die Romanik

Stiftskirche St. Cyriakus

Der Name des Ortes beinhaltet den Namen seines Gründers: Markgraf Gero soll an dieser Stelle im 10. Jahrhundert gerodet haben. Urkundlich belegt ist, dass er 937 von König Otto I. mit der Mark an der Mittelelbe und Saale belehnt worden war und 959 auf dem Gelände seiner Burg Roda ein Kanonissenstift errichtete.

Historische Quellen berichten, dass Markgraf Gero nach dem unerwarteten Tod seines frischvermählten Sohnes keine Nachkommen mehr hatte. Vielleicht hat er dieses Ereignis als eine göttliche Warnung verstanden und um seine Seele gefürchtet. Seiner jungen verwitweten Schwiegertochter Hathuie, einer Nichte der Königin Mathilde, fiel deshalb die Aufgabe zu, nach dem Tode Geros um das Heil seiner Seele zu beten. Hathuie wurde als Vorsteherin des neugegründeten Stiftes eingesetzt, und 24 Mädchen aus adligen Familien wurden ins Stift aufgenommen. Markgraf Gero brachte aus Rom eine Armreliquie des Heiligen Cyriakus mit, die wahrscheinlich im ältesten Teil der Kirche, in der Krypta unter dem Chor, aufbewahrt wurde. Über den gegenwärtigen Verbleib der Reliquie ist nichts bekannt.

Oben: Grundriss der Stiftskirche S. Cyriakus in Gernrode, links unten: Stiftskirche St. Cyriakus von Westen, rechts unten: Tafelbild des Markgrafen Gero

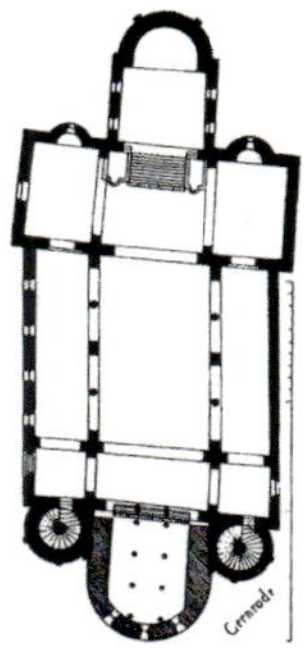

Über Nacht

★★★★ Kurhotel Bad Suderode
Schweddenbergstraße 1-3
D-06485 Quedlinburg
Tel. +49 (0)39485 5460
info@kurhotel-bad-suderode.de

Das Äußere der Stiftskirche beeindruckt nicht nur durch seine Größe, sondern auch durch seine helle Farbe: Als Baumaterial dienten hier weiße Kalksteine. Das dreischiffige Langhaus der Basilika stellt den größten Teil des Baukörpers dar. Das Querhaus ragt nur gering über das Langhaus hinaus. Das Westwerk erhielt erst gegen 1130 sein heutiges Aussehen: Um diese Zeit wurden die Türme erhöht und ein Westchor mit Krypta angebaut. Dieser Anbau bewirkte, dass zwischen den beiden Türmen an der Westseite auch eine halbrunde Apsis zu sehen ist. Die Äbtissin Elisabeth von Weida führte 1521 im Stift die Reformation ein. Die Kanonissen bildeten die erste evangelische Gemeinde und machten die Kirche für die Bauern zugänglich. Dies hielt die Bauernaufstände zunächst fern und vermied Schäden durch die blinde Wut der ärmlichen Bevölkerung. Die allmähliche Verweltlichung trug jedoch zum Sinken der Einnahmen des Stiftes und zum Verlust der Kunstobjekte, Bücher und Reliquien bei. Immer seltener brachten adlige Familien ihre Töchter zur

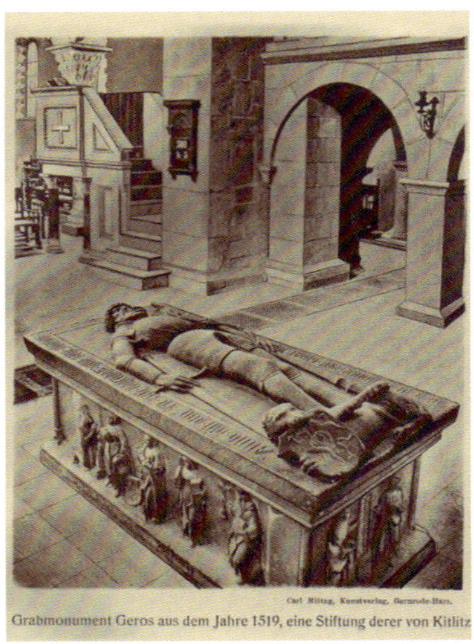

Links unten: Stiftskirche St. Cyriakus in Gernrode, Innenansicht mit den im 19. Jh. rekonstruierten Bemalungen, rechts unten: das 1519 entstandene Grabmal des Markgrafen Gero

Ausbildung ins Stift, und 1832 schließlich kam es zur Versteigerung des Kirchengebäudes. Der neue Besitzer nutzte den Kirchenraum zur Tierhaltung und als Lagerraum für Kartoffeln. 1859 wurde mit den Restaurierungsarbeiten begonnen. Der heutige Zustand der Kirche ist größtenteils auf die Rettungsmaßnahmen des 19. Jahrhunderts zurück zu führen. Derzeit wird die älteste in Mitteldeutschland zu findende Nachbildung des Grabes Christi in Jerusalem restauriert. Um das Ostergeschehen zu inszenieren und so die Gläubigen emotional anzusprechen, wurden in vielen Kirchen des Mittelalters Nachbildungen des Heiligen Grabes eingerichtet und Passionsspiele durchgeführt. In Gernrode bestand das Heilige Grab aus zwei gewölbten Räumen, die derzeit wegen Restaurierungsarbeiten leider noch nicht zugänglich sind. Mit etwas Glück aber kann man an Werktagen durch eine Trennwand aus Glas den Restauratoren über die Schulter schauen.

Kirchplatz 1; D-06485 Quedlinburg; Apr. bis Okt.: tägl. 9-17 Uhr; öffentliche Führung: 15 Uhr; Nov. bis März: tägl. 15-16 Uhr oder nach Voranmeldung beim Pfarramt Gernrode: Burgstraße 3, D-06485 Quedlinburg; Tel. +49 (0)39485 275; www.stiftskirche-gernrode.de

Grabplatte der Äbtissin Elisabeth von Weida, 16. Jh.

Genuss-Tipp

Gasthof Zum Bären
Marktstraße 21
D-06485 Quedlinburg
Tel. +49 (0)39485 5450
info@gasthof-zum-baeren.de

Touristeninformation

Markt 2
D-06484 Quedlinburg
Tel. +49 (0)3946 905624
www.quedlinburg.de

Ballenstedt Wiege Anhalts

Am Rand des Harzes und des Selketals liegt Ballenstedt, eine sehr schöne Kleinstadt und seit 2010 ein staatlich anerkannter Erholungsort. Die Nachbarstädte Quedlinburg und Aschersleben liegen nur zehn bzw. 15 Kilometer entfernt.
Eine Legende berichtet, dass Ballenstedt im Jahre 531 von einem thüringischen Adligen Namens Ballo gegründet wurde. Urkundlich wurde Ballenstedt 1046 als Siedlung (genauer gesagt als Dorf) erwähnt. Aus dieser Siedlung ist die Altstadt von Ballenstedt hervorgegangen. In der Nähe auf einer Anhöhe soll auch die nicht mehr existierende Burg der Grafen von Ballenstedt gestanden haben. Aus dem Adelsgeschlecht von Ballenstedt stammt beispielsweise Uta, deren Gestalt jetzt im Chor des Naumburger Domes zu bewundern ist und nach deren Namen heutzutage in vielen Kreuzworträtseln gefragt wird. Die verschwundene Burg bezeichnet man heutzutage

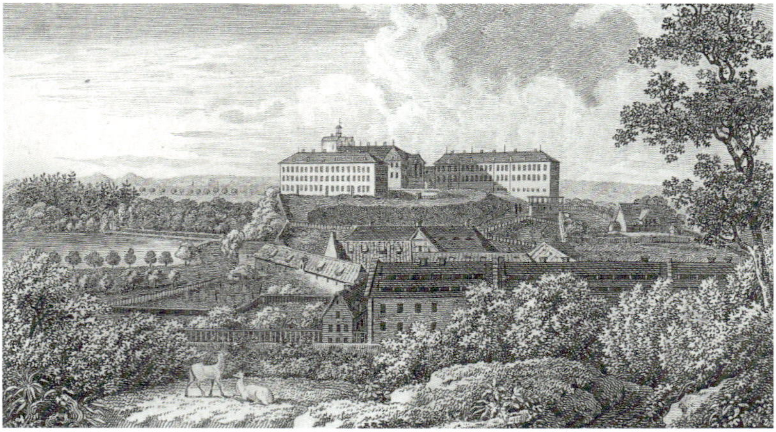

Schloss Ballenstedt, Abbildung im Brockhaus-Lexikon (1837)

Alleeblick vom Schlossberg

häufig als Stammburg der Askanier, weil sich die Familienmitglieder von Ballenstedt diesen neuen Namen zulegen sollten. Aus dem Geschlecht der Askanier ist Albrecht der Bär, eigentlich Adelbertus von Ballenstedt (1100-1170), hervorgegangen. Er gilt als Gründer der Mark Brandenburg. Seine Grabstätte, die sich in Ballenstedt befindet, ist ein Touristenmagnet für alle Brandenburger und Berliner. Auch russische Touristen kommen gern nach Ballenstedt, weil die aus der anhaltinischen Linie der Askanier stammende, in Zerbst geborene Prinzessin als russische Zarin Katharina II., die Große, in die Geschichte einging.

Denkmal Albrecht des Bären in Ballenstedt

Die zweiteilige mittelalterliche Gliederung des Stadtareals in Schlossberg und Altstadt ist bis heute deutlich zu erkennen. Die Stadtrechte erhielt Ballenstedt Mitte des 16. Jahrhunderts. Anfang des 18. Jahrhunderts wurde das Schloss durch eine Kastanienallee mit der Stadt verbunden. Diese Allee mit ihren 300 Jahre alten Bäumen ist erhalten geblieben. Die Fürsten zu Anhalt-Bernburg erklärten Ballenstedt 1765 zu ihrer Residenzstadt und verschönerten sie. Das Schloss wurde umgebaut, es kamen neue Gebäude wie ein Theater dazu. Hier leitete der Komponist Franz Liszt im Jahre 1852 Konzerte.

Rund um die Romanik

Ehemaliges Benediktinerkloster St. Pankratius und Abundus

Im Jahre 1043 wurden unweit der Burg das Kollegialstift St. Pankratius und Abundius gegründet und eine Stiftskirche gebaut. 1123 wandelte Albrecht der Bär das Stift in ein Benediktinerkloster um und baute die

Kirche aus. Diese Kirche sollte als Grablege für ihn und seine Nachfahren dienen. Im Bauernkrieg 1525 war die Klosteranlage stark beschädigt, die Mönche verließen Ballenstedt. Aus der Klosterruine entstand nach 1700 eine Dreiflügelanlage des Schlosses im Stile des Barocks. Die ursprünglichen Teile der Klosterkirche wurden in das neue Schlossgebäude integriert.
Aus romanischer Zeit sind bis heute das einst zweitürmige Westwerk der ehemaligen Stiftskirche sowie Teile der ursprünglich fünfschiffigen Krypta mit Kreuzgratgewölbe und des zweischiffigen Refektoriums erhalten geblieben.
Das Westwerk zeigt einen dreigliedrigen Grundriss: Den Mittelteil nimmt eine überwölbte Kapelle ein, seitlich befanden sich einst zwei hohe Türme. Über der Kapelle lag noch ein Raum. Um 1610 wurden die Türme abgetragen, das Westwerk erhielt ein Satteldach mit drei Zwerchhäusern. Doch auch in dieser „gekürzten Variante" ist der frühere wehrhafte Charakter des Westbaus zu spüren. Die Krypta ist nicht vollständig erhalten, viele ihrer Teile wurden anscheinend im 18. Jahrhundert in der Schlosskirche verbaut. Die originalen Säulen mit ihren romanischen Würfelkapitellen befinden sich vor der Mittelapsis der Krypta.

Schlosskirche mit dem romanischen Westwerk, Ansicht von Norden

Zwei weitere ebenfalls aus romanischer Zeit stammende Kapitelle weisen stilisierte Palmetten auf. Pflanzenornamente wie Ranken und Palmetten waren früher Symbole der Auferstehung,

weil Pflanzen in der Natur nach ihrem Absterben im Winter oder bei längerer Trockenzeit wieder zum Leben „zurückkehren", zum Beispiel im Frühjahr. Deshalb benutzte man Pflanzendekor bevorzugt in Krypten und in Kirchen, die als Grablege dienen sollten.
Schlossplatz 1, D-06493 Ballenstedt; Mai bis Okt.: Di-So: 10-17 Uhr; Nov. bis Apr.: Di-So: 10-16 Uhr; Tel. +49 (0)39483 82556; www.ballenstedt-information.de

Weitere Sehenswürdigkeiten

Stadtrundgang

Teile der Stadtmauer von 1551 mit Markt-, Ober- und Unterturm bieten ausgezeichnete Urlaubsmotive. Das frühere Amtshaus, das alte Fachwerk-Rathaus und die Nikolaikirche sind weitere Anziehungspunkte für Geschichts- und Kulturinteressierte. Das städtische Heimatmuseum, das sich in einem barocken Bürgerhaus unweit des Schlosses befindet, lädt dazu ein, mehr über die Geschichte der Stadt und das Brauchtum der Region zu erfahren. Der schattige Schlosspark ist für Spaziergänge zwischen Blumenbeeten und majestätischen Bäumen bestens geeignet.
Städtisches Heimatmuseum: Allee 37, D-06493 Ballenstedt; Mai bis Okt.: Di-Fr: 10-17 Uhr; Sa-So: 10-12 Uhr und 14-17 Uhr; Nov. bis Apr.: Di-Fr: 10-16 Uhr; Sa-So: 10-12 Uhr und 14-16 Uhr; Tel. +49 (0)39483 8866; www.ballenstedt.de

Genuss-Tipp

Restaurant Kassner
Breitscheidplatz 18
D-06493 Ballenstedt
Tel. +49 (0)39483 81371

Über Nacht

★★★★ Schlosshotel
Großer Gasthof
Schlossplatz 1
D-06493 Ballenstedt
Tel. +49 (0)39483 510
www.ballenstedt.vandervalk.de

Touristeninformation

Schlossplatz 3
D-06493 Ballenstedt
Tel. +49 (0)39483 82556
www.ballenstedt-information.de

Falkenstein/Harz
Ritterromantik

Wer die Straße der Romanik bereist, trifft überwiegend auf kirchlichen Bauten, Teile von solchen oder Ruinen von Burgen. Hier in Falkenstein/Harz aber begegnet uns eine Ausnahme, und eine erfreuliche obendrein: Nur acht Kilometer südlich von Ballenstedt steht eine echte Burg mit fast vollständig erhaltenen Burgmauern, Toren, Lagerräumen, Wirtschaftsgebäuden, Palas, Rittersaal, Brunnen, Kapelle und allen anderen dazugehörigen Räumen und Anlagen. Sogar ein Falkner und seine Greifvögel zeigen bei gutem Wetter dem begeisterten Publikum ihre Künste.

Ansicht der Burg Falkenstein von Osten

Rund um die Romanik

Burg Falkenstein

Auf einer felsigen Bergkuppe, genannt Wuchberg, erhebt sich über dem Selketal die Burg Falkenstein. Ihr Areal ist nicht besonders groß, die Gebäude der Kernburg umschließen einen Hof in Form eines beinahe gleichseitigen Dreiecks mit einer Seitenlänge von etwa sechzig Metern. Die Burg ist im Osten mit zwei, im Westen mit drei Zwingern, also Vorburgen, gesichert. Die bis zu vier Meter starke Burgmauer, sieben Tore, drei Gräben und zwei Zugbrücken gehörten zur Wehranlage.

Die Burg hat die Jahrhunderte nicht unverändert überdauert, doch blieben hier aus der Zeit der Romanik einige bedeutende Bauten und Bauteile erhalten, darunter der zwanzig Meter tiefe Brunnen, die Burgmauer, das Kellerportal im Innenhof, ein Kamin im ehemaligen Palast, die Kapelle und der Bergfried.

Im 18. Jahrhundert diente die Burg als Jagdschloss. Seit Anfang des 19. Jahrhunderts standen die Prunkräume der Burg jedermann zur Besichtigung offen. 1946 wurde das Museum eröffnet. Prachtvolle Möbel verschiedener historischer Epochen, Gemälde, Haushalts- und Jagdgeräte, Pokale, Schmuckstücke und Geschirr sind in der Burg zu besichtigen. Dazu gehört auch eine Ausgabe des Sachsenspiegels aus dem Jahre 1569.

Burg Falkenstein, D-06543 Pansfelde; Apr. bis Okt.: tägl. 10-18 Uhr; Nov. bis März: Di-So: 10-16.30 Uhr; Mo und am 24. Dez. geschlossen; Tel. +49 (0)34743 535590; www.burg-falkenstein.de

Über Nacht

*★★★★ Parkhotel
Schloss Meisdorf
Allee 5
D-06463 Falkenstein/Harz
Tel. +49 (0)34743 980
www.meisdorf.vandervalk.de*

Genuss-Tipp

*Burgschenke Krummes Tor
Burg Falkenstein
D-06543 Pansfelde
Tel. +49 (0)34743 62012
www.ritteressen-burg-falkenstein.de*

Touristeninformation

*Markt 1
D-06463 Falkenstein/Harz
Tel. +490)34743 960
www.stadt-falkenstein-harz.de*

Frose
Wo bitte liegt Seeland?

Der Ort Frose ist seit 2009 ein Ortsteil der Stadt Seeland im Salzlandkreis des Bundeslandes Sachsen-Anhalt. In allen Ortsteilen der Stadt Seeland zusammen sind derzeit etwas mehr als 8.000 Einwohner angemeldet. Seeland ist ein historischer Name und stammt von einem riesigen See, der sich hier tatsächlich noch vor 3.000 Jahren befand. Das Entstehen dieses Süßwassersees war mit dem Schmelzen des Eises nach der Eiszeit vor etwa 10.000 Jahren verbunden. Nach und nach verlandete der See und hinterließ einen fruchtbaren Boden. Die verbliebenen „Pfützen"

Außenansicht der Basilika St. Cyriakus in Frose

dieses Eiszeit-Sees sind der jetzige Concordiasee und der Königsauer See. Der fruchtbare Boden war wohl der Grund für die sehr frühe Besiedlung dieser Region. Seit dem Mittelalter wurde hier Torf gestochen. Im 19. und 20. Jahrhundert waren noch Bergwerke für Braunkohleabbau in Betrieb. Seit 1990 sind diese stillgelegt worden.
Der Ort Frose wird in einer am 13. September 936 erstellten Urkunde erwähnt, in der die hörigen Slawen von Frose an das Servatius-Kloster Quedlinburg verwiesen wurden. Die weitere Entwicklung des Ortes Frose hängt mit dem Kanonissenstift St. Cyriakus zusammen.

Über Nacht

Pension Robinienhof
Bauernstraße 11
D-06469 Seeland
Tel. +49 (0)34741 8259

Hotel Zum Schwan
Lindenstraße 3
D-06469 Seeland
Tel. +49 (0)34741 74470
www.seelandhotelschwan.de

Rund um die Romanik

Ehemalige Stiftskirche St. Cyriakus

Nach dem Forschungsstand der 1980er Jahre wurde die Stiftskirche St. Cyriakus in Frose den Bauten des 12. Jahrhunderts zugeordnet. Man war davon überzeugt, dass man den in historischen Quellen genannten Vorgängerbau des 10. Jahrhunderts vollständig verloren hatte. Vielleicht werden zukünftige Bauforscher diese Behauptung widerlegen können.
Die Stiftskirche besteht heute aus einem zweitürmigen Westbau, einem dreischiffigen Langhaus und einem im Osten angeschlossenen Chor mit einer Apsis. Die Seitenschiffe weisen je eine kleinere Apsis an der Ostseite auf.
Schon aus archäologischen Forschungen des 19. Jahrhunderts wusste man, dass der ursprüngliche Bau etwas größer war als der jetzige. Insbesondere fallen die Grundrissunterschiede im Westteil der Stiftskirche auf. Der zweitürmige Westbau wurde anscheinend um 1170 etwas östlicher als sein Vorgänger errichtet.

Innenansicht des Mittelschiffs der Basilika St. Cyriakus

Es ist auffällig, dass der Westbau keinen Eingang aufweist. Die Seitenschiffe des Langhauses samt angeschlossenen Apsiden wurden im 19. Jahrhundert umgebaut oder rekonstruiert. Die Obergadenfenster haben nicht ihre ursprüngliche romanische Form und Größe. Die Lage des Mittelschiffs hat sich aber nicht geändert, und der sächsische Stützenwechsel im Inneren der Kirche wird von jedem Kunstkenner sofort erkannt. Die Pfeiler sind aus fein gequadertem, hellem Sandstein gemauert, die Säulenschäfte sind monolithisch. Manche Würfelkapitelle sind mit Schilden, andere mit Palmettenornament geschmückt.
Vor dem 18. Jahrhundert gehörte noch ein Querhaus zum Bau, heute lässt sich dies an den Vierungspfeilern ablesen. Die halbrunde Chorapsis hat keine Wölbung mehr und ist flachgedeckt. Die Ausstattung stammt größtenteils aus dem 19. Jahrhundert.
Warum nun wurde diese Kirche zum Objekt der Straße der Romanik, wenn sie doch bescheidener aussieht als zum Beispiel die Stiftskirche Gernrode? Die Stiftskirche in Frose wartet auf neue Bauforscher, die ihre vielen Rätsel lösen können. Man weiß kaum, wann und warum sie umgebaut wurde, wie die Innenwände der Kirche ausgesehen haben und wo sich die übrigen Stiftsgebäude befanden. Dabei geht die Gründung des Stiftes St. Cyriakus möglicherweise bis ins 9. Jahrhundert zurück. Es ist bekannt, dass der Enkel Karls des Großen, der ostfränkische König Ludwig der Deutsche, den heiligen Cyriakus sehr verehrte und im Jahre 847 viele Klöster gründete, beispielsweise das Kanonikerstift St. Cyriakus in Neuhausen bei Worms.

Im gleichen Jahr unternahm er eine Reihe von Stiftsgründungen im Bistum Halberstadt. Es fand sich im vatikanischen Archiv der Botschaft der Bundesrepublik Österreich beim Hl. Stuhl eine entsprechende Urkunde. Eine Niederlassung der Kanonikerbrüder in Frose schon ab 847 ist nicht auszuschließen.
König Otto I. übertrug im Jahre 950 die Nutzungsrechte des schon bestehenden Stiftes in Frose dem Markgrafen Gero, der dieses Kanonikerstift 959 in ein Kanonissenstift umwandelte. Das Kanonissenstift in Frose verfügte über 24 Dörfer und zahlreiche Ländereien. Der Stiftsgemeinschaft in Frose gehörten zwölf bis 16 Mädchen an, die hier erzogen wurden. Im Unterschied zu Gernrode, wo die Töchter des Hochadels untergebracht waren, traten dem Stift in Frose die Töchter des niederen Adels sowie Bürgerstöchter bei. Das Stift unterstand dem Kanonissenstift Gernrode, das sich ebenfalls unter der Schutzherrschaft von Markgraf Gero befand. Den Stiften von Gernrode und Frose unterstanden um 1500 noch weitere 21 Kirchen. In den Jahren 1515 und 1516 wirkte der Theologe und Reformator Thomas Müntzer als Präfekt und Lehrer in Frose. Heute wird die ehemalige Stiftskirche als evangelische Pfarrkirche genutzt.
Vor der See 402, D-06464 Seeland; Besichtigung nach Anmeldung beim Evangelischen Pfarramt: Sommer: Mo-Fr 8-18 Uhr; Sa: 9-17 Uhr; So: 10-12 Uhr und 14-16 Uhr; Winter: Mo-Fr: 10-12 Uhr und 14-18 Uhr; Sa: 9-17 Uhr; So: 10-16 Uhr; Tel. +49 (0)34741 91221 oder 502; kirche.frose@t-online.de

Genuss-Tipp

Deutsches Haus
Vor dem Bahnhof 273
D-06464 Frose
Tel. +49 (0)34741 338

Hotel und Restaurant Zum Schwan
Lindenstraße 3
D-06469 Seeland
Tel. 49 (0)34741 74470
www.seelandhotelschwan.de

Touristeninformation

Förderverein Denkmalpflege und Heimatgeschichte
Kurt Engmann
Hinter dem Dorf 168c
D-06464 Seeland
Tel. +49 (0)34741 547

Ermsleben
Feiern im Klosterkeller

Ermsleben liegt am Flüsschen Selke im nordöstlichen Harzvorland und ist heute ein Ortsteil der Stadt Falkenstein/Harz. Zahlreiche Spuren verschiedener Kulturen aus mehreren Jahrhunderten finden sich im Selketal rund um Ermsleben. Viele Burgruinen, Ausgrabungsstätten und Grabhügel sind heute geschützte archäologische Denkmale. Nach heutigen Erkenntnissen begann die Geschichte von Ermsleben mit einer Siedlung des Stammes der Warnen im 5. und 6. Jahrhundert. In einer Urkunde aus dem Jahr 1045 wurde der Ort als Anegremislebo verzeichnet. 1298 verwendete ein Chronist das lateinische Wort *oppidum* für Ermsleben, bezeichnete es also als Kleinstadt. Durch einen Erlass des Kaisers Karl V. erlangte

Der Burgberg mit der Konradsburg bei Ermsleben, Ansicht von Westen

Ermsleben 1530 das Stadt- und Marktrecht. 1717 zerstörte ein verheerender Brand viele Gebäude der Stadt. An ihrer Stelle entstanden neue Häuser, und 1773 wurde auch ein neues Rathaus auf dem Marktplatz errichtet. Am Rathaus ist der sogenannte Nagelstein zu bewundern. Vermutlich handelt es sich hier um einen Menhir. Im Mittelalter und auch danach benutzte man diesen Stein beim Gericht zum Überprüfen der Schuld: Konnte der Angeklagte einen Nagel in den Stein schlagen, wurde er für unschuldig erklärt. Einem manchen gelang es tatsächlich, da der Stein mehrere kleine Hohlräume hat, die mit Ton ausgefüllt sind.
Der beste Beweggrund, nach Ermsleben zu kommen, wäre eine Familienfeier, die der Förderkreis Konradsburg e. V. organisieren kann. Wenn jemandem ein Jubiläum, ein Kindergeburtstag oder eine Hochzeit bevorsteht, dann finden sich selten bessere Möglichkeiten, das Schmackhafte mit dem Sehenswerten zu verbinden.

Über Nacht

Gästezimmer & Pension Kluge
Lindenstraße 11
D-06463 Falkenstein/Harz
Tel. +49 (0)34743 61262

Familienhotel Thalmühle
Falkensteiner Weg 1
D-06463 Falkenstein/Harz
Tel. +49 (0)34743 96868
thalmuehle@email.de

Rund um die Romanik

Klosterkirche auf der Konradsburg

Etwa drei Kilometer südlich von der Ortsmitte Ermslebens befindet sich die Konradsburg, eine Sehenswürdigkeit an der Straße der Romanik. Von den Wehranlagen ist heute fast nichts übrig geblieben. Wer die Burg angelegt hat und wann genau, ist nicht bekannt. Man vermutet ihre Existenz schon Ende des 10. Jahrhunderts, da sie im Jahre 1120 von Egino von Konradsburg an den Benediktinerorden verschenkt wurde. Vorher soll dieser Ritter den Grafen Adalbert von Ballenstedt erschlagen haben. Egino von Konradsburg wollte für sein Vergehen Buße tun und gab deshalb die Eigen-

tumsburg zur Gründung eines Klosters ab. Die Adelsfamilie von Konradsburg siedelte auf die neun Kilometer südwestlich liegende Burg Falkenstein über. Eine Zeit lang verwendeten die Ritter dieses Geschlechts beide Familiennamen – von Konradsburg und von Falkenstein, seit etwa 1247 nur noch letzteren.
Auf der Konradsburg entstand die Klosterkirche als romanische dreischiffige Basilika. Von ihr sind der Hauptchor, die Nebenchöre mit Apsiden und die darunter liegende Krypta erhalten geblieben. Durch die Restaurierungsarbeiten der letzten Jahre konnte die gewölbte Krypta mit ihren reich dekorierten Säulen vor dem Verfall bewahrt werden.
Wer mit seiner Fotokamera auf der Jagd nach besonders schönen romanischen Säulen und Würfelkapitellen ist, wird in der Krypta auf der Konradsburg fündig. Auf dem Burggelände ist ein Brunnenhaus in Fachwerkbauweise zu sehen, in dem das Wasser aus der Tiefe von rund 45 Metern mit Hilfe eines Tretrades nach oben gefördert wird. Das Brunnenhaus wurde im

Die ehemalige Klosterkirche auf der Konradsburg

Blick in die Krypta der Klosterkirche

Jahre 1805 errichtet, der Brunnen selbst besteht aber seit dem Mittelalter und war die einzige Wasserquelle auf der Burg und später im Kloster.
Konradsburg 2, D-06463 Falkenstein/Harz;
Sommer: Mo-Fr: 9-17 Uhr; Sa, So: 10-18 Uhr;
Winter: Mo-Fr: 9-16 Uhr; Sa, So: 10-17 Uhr;
Tel. +49 (0)34743 92564; www.konradsburg.com

Ausflugstipp

Wanderungen

Ein gut ausgebautes Wanderwegenetz existiert um Ermsleben. Als Ziele bieten sich die Burg Falkenstein, der Landschaftspark Degenershausen und die historische Endorfer Turmwindmühle an.
Mehr Informationen über den Förderverein Konradsburg:
Tel. +49 (0)34743 92564;
www.konradsburg.com;
oder bei der Touristeninformation Selketal-Harz

Touristeninformation i

Selketal-Harz
Kampweg 23
D-06463 Falkenstein/Harz
Tel. +49 (0)34743 61199
www.selketal-harz.de

Klostermansfeld
Die Kindertage Martin Luthers

Die Stadt Mansfeld wurde in einer Tauschurkunde König Ottos II. aus dem Jahre 973 Mannesfeld genannt. Die mittelalterliche Siedlung Mansfeld entwickelte sich neben der Burg, die die alte Handelsstraße nach Sangerhausen und Erfurt schützen sollte. Auf dieser Burg hatten die Grafen von Mansfeld bis 1780 ihre Residenz. Das Geschlecht von Mansfeld ist eines der ältesten unter den deutschen Adelsfamilien.

Rund um die Romanik

Ehemalige Benediktinerklosterkirche Mariä Himmelfahrt

Die Grafen von Mansfeld waren erfolgreiche Unternehmer und sind durch Landwirtschaft und Kupferbergbau zu Wohlstand gekommen. Das gräfliche Hauskloster wurde um 1040 gegründet und mit Benediktinermönchen besetzt. Es sollte als Begräbnisstätte der Grafen von Mansfeld dienen. Das Stiftergemälde

Ehemalige Klosterkirche in Klostermansfeld

mit dem Datum 1170 auf dem Spruchband zeigt eine kreuzförmige dreischiffige Basilika ohne Turm sowie die Stifterfiguren: Dabei handelt es sich um Albrecht den Bären mit seiner Gemahlin Sophia und seinem ältesten Sohn Otto I. sowie Graf Hoyer III. mit seiner Gemahlin Bia von Arnsberg. An der dreischiffigen Basilika wurde nach 1170 weiter gebaut, sie hatte ein durchgehendes Querhaus, ein Chorquadrat mit Apsis und zwei Seitenapsiden. Im Laufe der Zeit kam es zu Veränderungen: Die Nebenapsiden wurden beseitigt, und der Chor bekam anstelle der früheren Apsis einen geraden Abschluss. Durch die umfassenden Restaurierungsarbeiten in den Jahren 1960 bis 1970 wurde die wertvolle Bausubstanz gerettet: Das Innere der Kirche zeigt mehrere romanische Elemente wie die Rundbogenarkaden, die rundbogigen Obergadenfenster und die Würfelkapitelle der Säulen. Im Chorraum befindet sich ein gotischer Altar mit geschnitzten Figuren. Im südlichen Querhaus ist ein Taufstein aus dem Jahre 1582 aufgestellt. An seiner Oberfläche sind die Abbildungen der vier Evangelisten mit ihren Symbolen angebracht.
Seit der Reformation und der Auflösung des Klosters wird die Kirche als evangelische Pfarrkirche genutzt.
Kirchstraße 2, D-06308 Klostermansfeld; Besichtigung von außen jederzeit möglich; Führungen nach Absprache: Tel. +49 (0)34772 25250; www.ev-kloster-kirche.de

Genuss-Tipp

Historische Gaststätte
Zur guten Quelle
Seit 1430
Lutherstraße 38
D-06343 Mansfeld
Tel. +49 (0)34782 20265
www.mansfeld.eu

Über Nacht

Pension Schlossblick
Junghuhnstraße 4
D-06343 Mansfeld
Tel. +49 (0)34782 90913
www-mansfeld-pension.de

Touristeninformation

Europäischer Tourismusverbund
Junghuhnstraße 2
D-06343 Mansfeld
Tel. +49 (0)34782 22780
www.luthertour.eu

Eisleben
Luther und der Knoblauchkönig

Eisleben ist eine Stadt mit rund 25.000 Einwohnern und liegt im östlichen Harzvorland. Die Stadt ist von Klostermansfeld ungefähr acht Kilometer entfernt. Eisleben wurde schon um 800 in historischen Quellen als Eslebo erwähnt, und bereits ab 994 besaß es das Markt-, Zoll- und Münzrecht. 1180 wurde Eisleben zur Stadt ernannt.
Menschen brauchen Wasser, und deshalb liegt fast jede Stadt an einem Fluss oder See. Durch Eisleben fließt die Böse Sieben. Da der Fluss oft Hochwasser mit sich brachte, nannte man ihn „böse“, während sich „sieben“ von den sieben Bächen ableitet, die den vermeintlich „bösen Fluss“ speisen.
Außer der Bösen Sieben hat Eisleben eine weitere Besonderheit zu bieten: An der Nordwand des Rathauses befindet sich eine Sandsteinfigur, die den sogenannten Knoblauchkönig, Hermann von Luxemburg, Graf von Salm, darstellt. Er wurde im Jahre 1081 von den sächsischen Fürsten zum Gegenkönig zu Heinrich IV.

Ansicht von Eisleben. Kupferstich von Matthäus Merian, 1647

ausgerufen, während jener in Italien weilte. König Heinrich IV. schickte seine Truppen aus Friesland nach Eisleben, doch Hermann von Luxemburg bekam Unterstützung vom Grafen Ernst von Mansfeld und gewann die Schlacht. Die Stelle, an der die Friesen geschlagen wurden, nannte man Friesenstraße: Heute heißt sie Freistraße. Hermann von Luxemburg konnte trotz des Sieges seine Thronansprüche nicht durchsetzen und verließ Eisleben. Da vor den Mauern seiner Burg damals viel Knoblauch gepflanzt wurde, bekam er den Spitznamen „Knoblauchkönig". Knoblauch war in dieser Region vorher nicht bekannt gewesen, erst die Benediktinermönche hatten ihn mitgebracht, bemühten sich um seine Anpflanzung und die Verwendung als Medizin und Nahrungsmittel.

Porträt des Grafen Hermann von Salm-Luxemburg, dem sogenannten Knoblauchkönig, an der Wand des Rathauses von Eisleben.

In Eisleben kann man Romanik, Gotik und die Reformationszeit in nahtlosem Übergang erleben. Die Lutherstätten von Eisleben wurden 1997 in die Liste des Weltkulturerbes der UNESCO aufgenommen.

Rund um die Romanik

Zisterzienserinnen-Kloster St. Marien zu Helfta

Graf Burchard I. von Mansfeld gründete im Jahre 1229 das Zisterzienserinnen-Kloster St. Marien und errichtete zunächst die Klostergebäude in der Nähe seiner Burg. 1234 verlegte seine Witwe das Kloster nordwestlich von Eisleben nach Rossdorf. Doch diese Umsiedlung erwies sich als ungünstig, weil es an sauberem Wasser mangelte. Deshalb kaufte die Äbtissin ein Stück Land in Helfta und verlegte das Kloster ein weiteres Mal. Im Juni 1258 konnte das Kloster dann schließlich eingeweiht werden. Die Nonnen erlebten mehrere Belagerungen und Plünderungen, bevor

Über Nacht

Hotel An der Klosterpforte
Lindenstraße 34
D-06295 Lutherstadt Eisleben
Tel. +49 (0)3475 71440
www.klosterpforte.com

Liboriushaus, Klosterkirche und Konventsgebäude im Kloster Helfta

im Jahre 1546 das Kloster ganz aufgelöst wurde. Einer der Gründe war der Widerstand der getreuen Klosterfrauen gegen den protestantischen Gottesdienst. Seit 1998 ist das Kloster St. Marien zu Helfta wieder belebt, einige Zisterzienserinnen haben das Montessori-Kinderhaus St. Marien gegründet und kümmern sich obendrein erfolgreich um die denkmalgerechte Wiederherstellung der Klostergebäude. Sie bemühen sich unter anderem um die Verständigung zwischen den verschiedenen Religionen und Völkern. Hier findet ein jeder, ob Reisende, Notleidende oder einfach Interessierte, Unterkunft, Verpflegung, Bildungsangebote und gute Ratschläge. Es finden auch verschiedene Kurse zur gesunden Lebensführung statt.
Kloster Helfta, Lindenstraße 36, D-06295 Lutherstadt Eisleben; tägl. 9-17 Uhr; Tel. +49 (0)3475 711500; www.kloster-helfta.de

Die Dächer von Eisleben mit der Andreas-Kirche

Weitere Sehenswürdigkeiten

Die Marktkirche St. Andreas

Diese dreischiffige Hallenkirche hat drei Türme und ist leicht zu erkennen. Bei ihrem Bau im 15. Jahrhundert wurden auch romanische und frühgotische Bauteile verwendet. Von der Kanzel dieser Kirche predigte Martin Luther.

Markt, D-06295 Lutherstadt Eisleben; Mo-Sa: 10-16 Uhr; So, Feiertage: 11.30-16 Uhr; Tel. +49 (0)3475 602229

Luthermuseum in Luthers Geburtshaus

Das Bürgerhaus in der Lutherstraße 16 ist eines der ältesten erhaltenen Bürgerhäuser in Eisleben: Es stammt aus dem 15. Jahrhundert. Es ist gleichzeitig Luthers Geburtshaus.

Luthers Sterbehaus

Das Haus am Andreaskirchplatz 7 ist ebenfalls ein Museum, in dem viele Exponate zur Heimatgeschichte sowie die Totenmaske von Martin Luther (in Kopie) zu sehen sind.

Informationen zu allen Sehenswürdigkeiten unter: www.luther-eisleben.de

Lutherdenkmal auf dem Marktplatz in Eisleben

Genuss-Tipp

Gaststätte Lutherschenke
Lutherstraße 19
D-06295 Lutherstadt Eisleben
Tel. +49 (0)3475 614775
www.lutherschenke-eisleben.de

Touristeninformation

Hallesche Straße 4
D-06295 Lutherstadt Eisleben
Tel. +49 (0)3475 602124
www.eisleben-tourist.de

Seeburg
Am Süßen See

Rund zehn Kilometer südöstlich von Eisleben liegt der Süße See. Der Süße See wird durch die Böse Sieben, den Salzgraben und einige kleinere Zuflüsse gespeist. Seeburg am Süßen See ist ein beliebter Erholungs- und Ferienort.

Rund um die Romanik

Schloss Seeburg

Auf einem Bergrücken, der wie eine Halbinsel in den See hineinragt, liegt eine der größten Burganlagen der Gegend, die Seeburg.

Die ersten sicheren schriftlichen Informationen über Seeburg finden sich im Hersfelder Zehntverzeichnis, sie stammen vom Ende des 9. Jahrhunderts. Um das Jahr 1000 begann Gebhard I. von Querfurt mit dem

Blick auf Schloss Seeburg

Bau der steinernen Burganlage anstelle der existierenden Fluchtburg aus Holz. Es wird angenommen, dass der gewaltige Bergfried mit einer Mauerstärke von fast sechs Metern um 1080 entstand. Weitere Bauten wie die erste Ringmauer, die Kapelle und der Palas sind wahrscheinlich auch in dieser Bauphase entstanden. Wichmann II. von Seeburg wurde zum Erzbischof von Magdeburg gewählt. Er nahm an den Heereszügen Albrecht des Bären und an den Kämpfen gegen Heinrich den Löwen teil. Er errichtete den Erzbischöflichen Palas, das Portenhaus und die Flankierungstürme. Um 1184 übergab Wichmann II. die Seeburg dem Erzstift Magdeburg zur Einrichtung eines Chorherrenstifts. Burchard IV. von Mansfeld kaufte die Seeburg im Jahre 1287. Die Grafen von Mansfeld bauten im 15. Jahrhundert die Seeburg weiter aus. Es entstand eine zweite Zwingermauer mit Flankierungstürmen. Die Besitzverhältnisse änderten sich seitdem häufig. Heute befindet sich die Seeburg erneut in privatem Besitz und wird restauriert. Im südwestlichen Bereich der ehemaligen Burg kann die romanische Burgkapelle aus dem 12. Jahrhundert und im Südosten die gotische Schlosskirche angeschaut werden. An der Seeseite befindet sich der sogenannte Witwenturm, der liebevoll restauriert wurde und für Feierlichkeiten zur Verfügung steht.

Schlossstraße 18, D-06317 Seeburg; Führungen (ab 7 Personen) nach Vereinbarung; historische Rundgänge mit Filmvorführung; Tel. +49 (0)34774 70868; www.seeburg-schloss.de

Genuss-Tipp

Gasthaus & Pension Zur Forelle
Wild- und Fischgerichte
Schlachtplatten
Straße der Freundschaft 26
D-06317 Seeburg
Tel. +49 (0)34774 28242
Mo-Sa: 11-21 Uhr; So: 11-15 Uhr und nach Absprache
www.forelle-seeburg.de

Touristeninformation

Gemeindeverwaltung
Seegebiet Mansfelder Land
Pfarrstraße 8
D-06317 Seegebiet Mansfelder Land
Tel. +49 (0)34774 4440
www.seegebiet-mansfelderland.de
www.seegebiet-tourismus.de

Sangerhausen Die Rosenstadt lädt ein

Am südöstlichen Rand des Harzes, an der alten Handelsstraße von Nordhausen nach Halle, liegt Sangerhausen. Die Stadt entstand in fränkischer Zeit. Der Stadtname leitet sich von dem mittelhochdeutschen Wort „sengen" für „brennen" oder „in Brand setzen" ab. Im Frühmittelalter gewannen die Siedler die landwirtschaftlichen Flächen durch das Sengen des Waldes. Die erste Erwähnung von Sangerhausen stammt aus dem Urkundenverzeichnis des Klosters Fulda, das zwischen 780 und 802 entstand. Das Stadt- und Marktrecht erhielt Sangerhausen schon um 1200.
Die Wettiner Markgrafen von Meißen erhielten Sangerhausen im Jahre 1247 und bauten den Ort zu einer Grenzburg aus, da um diese Zeit der thüringische Erbfolgekrieg ausbrach. In den nächsten Jahrhunderten herrschten in Sangerhausen unter anderem die

Historischer Marktplatz in Sangerhausen mit der Kirche St. Jacobi

Markgrafen von Brandenburg und Herzöge von Braunschweig. Die Bevölkerung lebte vom Silber- und Kupferbergbau.
Heute ist die 30.000 Einwohner zählende Stadt Sangerhausen vor allem durch die weltgrößte Rosensammlung bekannt.

Über Nacht

★★★★ Hotel Fünf Linden
Schulplatz 5
D-06536 Südharz
Tel. +49 (0)34651 350
info@hotel-fuenf-linden.de
www.hotel-fuenf-linden.de

Rund um die Romanik

Kirche St. Ulrici

Das älteste erhaltene Gebäude von Sangerhausen ist die Kirche St. Ulrici, auch einfach Ulrichskirche genannt. Dabei handelt es sich um eine dreischiffige Pfeilerbasilika mit einem Querhaus. Als Baumaterial dienten Bruchsteine und Sandsteinquader. Der dreischiffige Chor lässt den Einfluss der Hirsauer Schule erkennen. Die schmalen Seitenschiffe und die Nebenchöre mit hohen, halbrunden Apsiden zeigen möglicherweise die Verbindungen zu den burgundischen Bautraditionen dieser Zeit. Zur Entstehung dieser Kirche berichtet eine Legende, dass der Thüringer Landgraf Ludwig, dem Reinhardsbrunn gehörte, des Mordes verdächtigt und verhaftet worden war. Er saß in Gefangenschaft auf der Burg Giebichenstein bei Halle und gelobte, im Fall seiner Errettung eine Kirche zu stiften. Landgraf Ludwig täuschte eine Krankheit mit Schüttelfrost vor und bat seine Wächter, ihm viele Kleider zu geben. Er zog alles mögliche an und stürzte aus dem Burgfenster. Die Kleider milderten den Aufprall, und er konnte über die Saale schwimmen und entkommen. Seit dieser Zeit gab man dem Landgraf

Romanische Kirche St. Ulrici

Genuss-Tipp

Restaurant Ratskeller
Markt 1
D-06526 Sangerhausen
Tel. +49 (0)3464 579290
www.ratskeller-sangerhausen.de

Ludwig den Beinamen „Springer". Landgraf Ludwig der Springer erbaute übrigens auch die Wartburg.
Schon im Mittelalter begann man, die Kirche, umzubauen. Als das Zisterzienserinnenstift nach Sangerhausen kam, wurde an der Westseite des Kirchenraums eine Empore für die Nonnen eingebaut. Der hohe achteckige Vierungsturm, heute ein markantes Erkennungszeichen von Sangerhausen, wurde ebenfalls nicht gleichzeitig mit dem Langhaus, sondern erst später gebaut. Sowohl das Mittelschiff als auch die Seitenschiffe besitzen Gewölbe als oberen Raumabschluss. Es ist bekannt, dass das Mittelschiff sein Gewölbe erst nachträglich bekam. Es ist jedoch möglich, dass die Wölbungen von Anfang an in allen drei Schiffen geplant waren. Jedenfalls sind die im Grundriss kreuzförmigen Pfeiler ausreichend dimensioniert. Im Inneren der Kirche verdienen das ursprünglich über dem Nordportal angebrachte Tympanon mit den Abbildungen des Hl. Ulrich und des Stifters sowie die bronzene Taufe aus dem Jahr 1369 die Aufmerksamkeit des Betrachters. Außen wie innen findet man romanische Formen wie Arkaden, Rundbogenfenster und Portale neben den gotischen Maßwerkfenstern, barocken Grabdenkmälern und dekorativen neoromanischen Ergänzungen des 19. Jahrhunderts.

Mittelschiff der Kirche St. Ulrici, Innenansicht gen Westen

Hinter der Ulrichskirche, D-06526 Sangerhausen; Mai bis Okt.: Mo-Sa: 10-12 Uhr und 14-16 Uhr; So 14-16 Uhr; Nov. bis Apr.: Mo-Fr: 10-16 Uhr; Besichtigung und Führungen nach Absprache auch außerhalb dieser Zeiten bei der Evangelischen Kirchengemeinde: Riedstedter Straße 24, D-06526 Sangerhausen; Tel. +49 (0)160 91654017 (Brigitte Ihm); www.ulrichgemeinde.de

Weitere Sehenswürdigkeiten

Stadtbesichtigung

Beinahe alle Stilepochen von der Romanik bis zum Jugendstil haben an den Häusern der Stadt ihre Spuren hinterlassen. Historische Patrizier- und Ackerbürgerhäuser findet man in der Ulrichstraße, in der Voigtstedter Straße und in der Gegend um den Marktplatz. Auch zwei Schlösser und Reste der Stadtmauer hat Sangerhausen vorzuweisen. Am Marktplatz stehen das spätgotische Rathaus und die spätgotische Kirche St. Jakob mit einem barocken Turmhelm. Im Spengler-Museum sind Dokumentationen und Sammlungen zur Stadtgeschichte sowie ein vollständiges Mammutskelett ausgestellt, das schon beinahe zu einem Wahrzeichen von Sangerhausen geworden ist. Das absolut vollständige Skelett eines Steppenmammuts (*Mammuthus trogontherii*) wurde im Jahre 1931 vom Forscher Gustav Adolf Spengler in der Nähe von Edersleben gefunden und zwei Jahre lang Stück für Stück vorsichtig ausgegraben. Es gilt als in Deutschland einmaliger Fund dieser Art und wird von vielen Museumsbesuchern bewundert. In die Liste der Sehenswürdigkeiten von Sangerhausen gehört außerdem das im Jahre 1903 angelegte Rosarium mit über 6.500 Rosenarten.

Rosarium: Steinberger Weg 3, D-06526 Sangerhausen; Apr.: tägl. 10-18 Uhr; Mai und Sept.: tägl. 8-19 Uhr; Juni-Aug.: tägl. 8-20 Uhr; Tel. +49 (0)3464 572522

Touristeninformation i

Markt 18
D-06526 Sangerhausen
Tel. +49 (0)3464 19433
www.sangerhausen.de und
www.sangerhausen-tourist.de

Tilleda Königspfalz der Ottonen

Am Nordrand des Kyffhäusergebirges liegt die kleine Stadt Kelbra, umgeben von Feldern und Streuobstwiesen. Ab April blühen den ganzen Sommer verschiedene Bäume, Sträucher und Gartenblumen. Anfang Mai riecht es nach Kirsch- und Apfelbaumblüten, dann nach Flieder, und Ende Juni duftet es nach Lindenblüte. Einen Spaziergang zum Kyffhäuser beginnt man in einer Allee aus 400 Linden, die vor 120 Jahren gepflanzt wurden. Vor der Stadtkirche St. Georgii steht eine etwa tausendjährige Linde, sie gehört somit in die Zeit der Romanik.

Zu einem Anziehungspunkt für Wassertouristen und Camping-Liebhaber hat sich der Stausee Kelbra entwickelt. Die Gegend wäre ohne ihn unvorstellbar: Man hat fast vergessen, dass der Stausee zum Schutz vor Hochwasser erst 1964 angelegt wurde.

Freilichtmuseum Tilleda: Ruinen in der Hauptburg

Seit 2009 hat die Stadt Kelbra drei Ortsteile: Tilleda, Thürungen und Sittendorf.
Tilleda ist eine etwa 800 Seelen zählende Ortschaft an der Landstraße 220. Der kleine Ort ist dennoch jedem fleißigen Schüler und allen Historikern bestens bekannt: Hier befand sich ehemals die Kaiserpfalz. Kaiserin Theophanu besuchte Tilleda und bekam diese Pfalz neben Nordhausen von ihrem Gemahl Kaiser Otto II. als Geschenk. Später soll sich in Tilleda Kaiser Friedrich I. Barbarossa vor seinem Italienzug aufgehalten haben. In Tilleda vermittelte er die Versöhnung zwischen Heinrich VI., seinem Sohn, und Heinrich dem Löwen, seinem Vetter.

Genuss-Tipp

Restaurant & Hotel Kaiserhof
Frankenhäuser Straße 1
D-06537 Kelbra (Kyffhäuser)
Tel. +49 (0)34651 456850
www.komforthotel-kaiserhof.de

Rund um die Romanik

Königspfalz

In Sichtweite des Kyffhäusers befand sich in Tilleda die erstmals im Jahre 972 erwähnte Pfalz der Ottonen. Sie konnte nach archäologischen Untersuchungen in ihren Grundzügen rekonstruiert werden. Jetzt darf

Rekonstruiertes Zangentor in der Kaiserpfalz Tilleda

Über Nacht

★★★ Hotel Barbarossa
Hüfler Weg
D-06537 Kelbra (Kyffhäuser)
Tel. +49 (0)34651 420
www.barbarossahotel-kelbra.de

jeder im Freilichtmuseum das Leben an einem Königshof vor tausend Jahren erkunden und erleben. Die Könige und Kaiser vor rund tausend Jahren hatten keine Residenzen, sie waren sozusagen „Wander-Könige". Mit großem Gefolge zogen sie von einem Königshof zum nächsten, um nach dem rechten zu schauen, Streitigkeiten unter den Rittern zu schlichten und im Fall einer Gefahr gleich ihr Land mit der Waffe zu verteidigen. Viele Gefolgsleute waren um den König versammelt, darunter Jäger, Köche, Schmiede, Schreiber, Weber und weitere Helfer. Die Ehefrau und die Kinder reisten oft ebenfalls mit. Ohne seine Gefolgschaft konnte ein König nicht regieren.
Wo wurden diese vielen Menschen untergebracht? Was haben sie gegessen und getrunken? Welche Kleider haben sie getragen, und wer hat diese hergestellt? Wie gestaltete sich die Körperhygiene? Gab es bereits Ärzte? Antworten auf diese und ähnliche Fragen bekommt man im Freilichtmuseum Tilleda, das sich direkt an der Stelle der früherer Pfalz befindet. Mit Staunen kann man etwas über die Heißluftheizung auf der Kaiserpfalz erfahren. Hier kommt das Wort „Romanik" zur Geltung: Die Heizanlagen in Tilleda funktionierten nach dem Prinzip der römischen Thermen.

Szene aus dem Freilichtmuseum Königspfalz, Tilleda

Ehemalige obere Vorburg, Rekonstruktion

Leider sind heutzutage nur sehr wenige Königshöfe und Kaiserpfalzen erhalten: Im Unterschied zu den häufig fast in der originalen Substanz erhaltenen romanischen Kirchen wurden Pfalzen oft umfunktioniert, zu einer Burg oder einem Schloss vollkommen umgebaut, dem Verfall überlassen oder abgetragen. Man weiß aus Urkunden, dass Pfalzen in vielen Städten existierten, ihre genaue Lage und Größe bleiben jedoch allzu oft unbekannt. Auch die Kaiserpfalz in Tilleda lag lange Zeit im Verborgenen. Sie wurde bereits um 1300 aufgegeben, ihr Baumaterial – Steine und Holzbalken – verwendete man beim Bau anderer Häuser. Glücklicherweise entstanden über den Fundamenten der Kaiserpfalz keine Straßen oder Häuser. Deshalb war es möglich, Ausgrabungen durchzuführen und eine Kopie der Pfalz nachzubauen. Heute darf man in Tilleda nach genauen mittelalterlichen Anweisungen töpfern, weben, schreiben, backen und sogar „romanisch" bauen. Auch Kenntnisse in Archäologie kann man sich hier aneignen.

Freilichtmuseum Königspfalz: Schulstraße 4, D-06537 Tilleda; Tel. +49 (0)34651 2923; Apr. bis Okt.: tägl. 10-18 Uhr; Nov. und März: tägl. 10-16 Uhr; www.tilleda.ottonenzeit.de

Touristeninformation i

Lange Straße 10
D-06537 Kelbra (Kyffhäuser)
Tel. +49 (0)34651 6528
www.kelbra.de

Allstedt
Der „Satan von Allstedt“

Allstedt ist heute eine Kleinstadt mit einem großen Schloss. Man findet sie auf einer Landkarte zwölf Kilometer südöstlich von Sangerhausen. Mittelalter-Fans wissen, dass Allstedt auf der Via Regia liegt, der ottonischen Kaiserstraße, die vom Kyffhäuser durch Tilleda, Wallhausen und Allstedt nach Merseburg führt.
Die ruhige Gegend um Allstedt mit Wiesen und Äckern lässt vergessen, dass sie zwischen dem 7. und 11. Jahrhundert ein Ort ständiger Fehden und Kriege war. Unter den Beteiligten waren Hermunduren, Franken,

Nachbau einer Quintana zu Übungszwecken in der Burg Allstedt

Awaren, Friesen, Bayern, Sachsen und andere Völker. Erst allmählich versöhnten sich die Besiegten mit dem Sieger, die Völker wuchsen zusammen.

Die heutigen Bewohner von Allstedt sind sich der historischen Bedeutung ihrer Stadt bewusst. Sie sammeln Fakten und Objekte für das städtische Museum, sie forschen in den Archiven, organisieren Ausstellungen und feiern gern mit Gästen in historischen Gewändern. So kann in Allstedt jeder für einen Tag Kaiser sein. Eine ritterliche oder königliche Hochzeit zu gestalten, würde für die Allstedter ebenfalls kein Problem darstellen.

Wer an den späteren geschichtlichen Ereignissen Interesse hat und vom Rivalen von Martin Luther , dem Pastor Thomas Müntzer, getraut werden möchte, der darf sich an die Stadtverwaltung Allstedt wenden. Thomas Müntzer kritisierte schon vor Luther den Ablasshandel der katholischen Kirche und predigte in Allstedt als erster Gottesdiener in der Sprache des Volkes und nicht, wie damals üblich, auf Latein, unter anderem in Allstedt. Er führte mehrere liturgische Reformen ein, die die heutige evangelische Kirche beibehielt. Zunächst war Thomas Müntzer ein Bewun-

Über Nacht

Herberge Stadtmühle
Stadtmühle 1a
D-06542 Allstedt
Tel. +49 (0)34652 12399
www.stadtmuehle-allstedt.de

Die Hofseite der Vorburg in Allstedt

derer und Anhänger Martin Luthers. Später jedoch empfand er Luthers Nähe zu den Vertretern des Adels als Verrat an der Idee der Reformation. Müntzer beklagte die Standesunterschiede und das Fehlen von echter christlicher Liebe in der damaligen Gesellschaft. Er prangerte vor allem die doppelte Ausbeutung der Bauern durch Fürsten und Klöster an und rief zu Aufständen auf. Müntzer wurde von Martin Luther für einen gefährlichen Ketzer gehalten und als „Satan von Allstedt" bezeichnet.
Einige von Thomas Müntzer verfasste Kirchenlieder findet man bis heute in evangelischen Gesangbüchern, allerdings ohne Angabe des Autors.

Rund um die Romanik

Burg und Schloss Allstedt

Das Schloss, das sich durch Umbauten aus einer Burg entwickelte, liegt ungefähr 900 Meter nordöstlich der Altstadt auf einem Bergsporn. Von drei Seiten wird dieser Felsrücken vom Flüsschen Rohne umgeben. Bereits im 8. Jahrhundert entstand an dieser

Der gotische Torturm mit den Resten der Wehrmauer

strategisch günstigen Stelle die fränkische Reichsburg. Ab 933 war die Burg Sitz der Pfalzgrafen von Sachsen. Die ottonischen sowie andere Herrscher besuchten die Burg, in mehreren Urkunden des 10. bis 12. Jahrhunderts ist Allstedt als Ausstellungsort angegeben. Besonders gern hielt sich Kaiser Otto II. hier auf.
Außen ist die Burg mit einem tiefen Graben umgeben. Durch einen gotischen Torturm, der mit einem Renaissance-Giebel „aufgewertet" wurde, betritt man zuerst das Gelände der Vorburg. Um zur Kernburg zu gelangen, muss man über eine Brücke gehen, denn die Kernburg besitzt ihren eigenen Wehrgraben. Der Innenhof der Kernburg wird an drei Seiten durch die Gebäude gebildet, an der Südseite schloss sich ursprünglich eine starke Wehrmauer an. In den Räumen der Kernburg ist ein Museum für regionale Geschichte untergebracht, in dem man mehr über den Burgbau in der Zeit der Romanik erfährt. Sehenswert sind die Burgküche und die Schlosskapelle, in der Thomas Müntzer seine in die Geschichte eingegangene „Fürstenpredigt" hielt. Er forderte den Hochadel auf, sich auf die Seite der Bauern zu stellen.
Schloss 8, D-06542 Allstedt; Tel. +49 (0)34652 519; Apr. bis Okt.: Di-So: 10-17 Uhr; Nov. bis März: Di-Fr: 10-16.30 Uhr; Sa-So: 13-17 Uhr; www.schloss-allstedt.de

Genuss-Tipp

Schlosscafe
Ritteressen mit Spaß und Gaukelei
nach Vorbestellung
Schloss 8
D-0542 Allstedt
Tel. +49 (0)34652 10229
www.allstedt-kaltenborn.de
und www.schloss-allstedt.de

Innenhof der Burg Allstedt

Touristeninformation

Forststraße 9
D-06542 Allstedt
Tel. +49 (0)34652 8640
www.allstedt-kaltenborn.de und
www.allstedt.com

Querfurt
Der „Dicke Heinrich"

Ungefähr dreißig Kilometer südwestlich von Halle liegt Querfurt, eine Kleinstadt mit einer großen Burg. Die meisten Touristen kommen nach Querfurt wegen der imposanten Burg, die eine vielfach größere Fläche einnimmt als die berühmte Wartburg bei Eisenach. Auf dem Burggelände in Querfurt haben Archäologen mehrere Gräber aus der Bronzezeit gefunden, was eine frühe Besiedlung dieses Areals beweist. Die Burg entwickelte sich aus einer schon bestehenden fränkischen Siedlung und war um 780 Sitz einer karolingischen Verwaltung: Vielleicht ist ihre Ausdehnung dadurch zu erklären. Sie war also nicht für eine einzelne

Ansicht der Burg Querfurt

> **Genuss-Tipp**
>
> *Restaurant Goldener Stern*
> *Tränkstraße 1*
> *D-06268 Querfurt*
> *Tel. +49 (0)34771 19526*
> *www.restaurant-goldener-stern.de*

Ritterfamilie angelegt, sondern entstand als eine befestigte Stadt. Seit dem 10. Jahrhundert residierten auf der Burg die Edlen von Querfurt, die mit der sächsischen Kaiserfamilie der Ottonen verwandt waren. Eine der bekanntesten Personen aus dieser Ritterfamilie ist Brun von Querfurt, der seit 1007 in Rumänien, Litauen, Polen und in der Ukraine missionierte. Seine Missionsarbeit in Litauen verlief erfolglos, und er beschloss, nach Hause zurückzukehren. Er und seine 18 Gefährten wurden unterwegs in Pruzzen ermordet. Da er als Mönch den Namen Bonifacius angenommen hatte, nannte man ihn Bonifacius des Ostens oder auch 2. Apostel der Preußen. Er zählt zu den Märtyrern des Christentums.
Auch die anderen Mitglieder dieses Adelsgeschlechts gingen in die Geschichte ein, beispielsweise als Burggrafen von Magdeburg. Die Wappen der Edlen von Querfurt waren siebenmal von Silber und Rot quer geteilt: Solche silbern-roten Streifen finden sich auch in den Wappen der Familie von Mansfeld und von Vitzenburg, weil diese mit denen von Querfurt verwandt waren. Die Familie von Querfurt erlosch 1496. Die Stadt Querfurt führt heute unten rechts in ihrem Wappen dasselbe Element.

Rund um die Romanik

Burg Querfurt

Von oben betrachtet bildet das Burggelände ein unregelmäßiges Rechteck. Im Norden ist die Burg durch den natürlichen Geländeabfall gesichert. An drei anderen Seiten ist sie mit einem bis zu sechs Meter tiefen, künstlich angelegten trockenen Graben umgeben. Außerdem wurde die Burg durch zwei Ringmauern geschützt: Die ältere von diesen ist die Innenmauer, die bereits 1198 urkundlich erwähnt wurde. Reste

dieser Burgmauer beeindrucken noch heute.
In der Mitte des Burghofs befindet sich die Burgkirche aus dem 12. Jahrhundert, die vermutlich auf dem Fundament einer früheren Kirche steht. Außerdem wurden von Archäologen die Fundamente der Stiftskapelle aus dem Jahre 1004 gefunden. Brun von Querfurt gründete auf der Burg seiner Familie das Chorherrenstift Unser Lieben Frauen.
Der Grundriss der jetzigen Kirche stellt ein Kreuz dar, der Chor und die beiden Querhausarme haben an der Ostseite je eine halbrunde Apsis. Der Kirche wurde im 14. Jahrhundert eine Grabkapelle angebaut, in der sich die Grabtumba des 1384 verstorbenen Gebhard XIV. von Querfurt befindet. Die Seitenflächen dieser Tumba zeigen einen Trauerzug, die Personen der Prozession tragen Kleider

Links unten: Grabmal des Gebhard XIV. von Querfurt in der Kapelle, unten: die Burgkirche in Querfurt

und Schuhe der damaligen Zeit. Ähnlich wurden die Sarkophage in frühchristlicher Zeit in Byzanz und Rom gestaltet. Obwohl die Kapelle nicht zur romanischen Zeit gehört, ist sie sehr sehenswert.
Das Wahrzeichen der Burg ist der „Dicke Heinrich", ein runder, mehr als 27 Meter hoher Turm. Er steht im Westen der Kernburg. Seinen Namen verdankt er dem stolzen Durchmesser von mehr als 14 Metern. Sein unterer Teil diente in der ottonischen Zeit als Burgus, also für Wohnzwecke. Sein Zinnenkranz stammt aus dem 15. Jahrhundert. Die zwei weiteren runden Türme, die man als Rondelle bezeichnet, stehen im Osten. Sie wurden zum Schutz der Burg Anfang des 13. bzw. 14. Jahrhunderts errichtet. In einem der ehemaligen Palastgebäude ist heute ein Burgmuseum untergebracht.
D-06268 Querfurt; Tel. +49 (0)34771 52190;
Mai bis Okt.: tägl. 9-18 Uhr; Nov. bis April: 9-16 Uhr;
www.museum-burg-querfurt.de

Der „Dicke Heinrich" der Burg Querfurt

Über Nacht

★★★ Hotel Querfurter Hof
Merseburger Straße 5
D-06268 Querfurt
Tel. +49 (0)34771 5240
www.querfurterhof.de

Touristeninformation

Stadtinformation Querfurt
Markt 14
D-06268 Querfurt
Tel. +49 (0)34771 23799
www.querfurt.de

Memleben
Der Tod ist ein Teil des Lebens

Das heute beschauliche Memleben mit der urigen Dorfkirche St. Martin war vor tausend Jahren ein Ort, der als einer der politischen Mittelpunkte Europas galt und an dem die Schicksale einzelner Familien und ganzer Regionen entschieden wurden. König Heinrich I. und sein Sohn Otto I. jagten in dieser Gegend, erholten sich dann auf ihrer Königspfalz in Memleben und gingen staatlichen Geschäften nach. Sie ließen mehrere Urkunden und Verzeichnisse an diesem Ort verfassen. Hier starb 936 auf seiner Pfalz König Heinrich I., 973 auch sein Sohn Otto I., der erste Kaiser des Heiligen Römischen Reiches Deutscher Nation. Die Eingeweide Ottos I., darunter sein Herz, wurden nach mittelalterlicher Gepflogenheit an seinem Sterbe-

Ruine der Klosterkirche St. Marien in Memleben

ort begraben. Seinen Leichnam überführte man jedoch in einem opulenten 30-tägigen Leichenzug nach Magdeburg, um ihn dort im Dom neben Ottos erster Ehefrau Edith zu bestatten. Kurz darauf bat die verwitwete zweite Ehefrau von Otto I., Adelheid von Burgund, ihren Sohn Kaiser Otto II., in Memleben ein Benediktinerkloster zu gründen. Die Mönche dieses Klosters sollten für die Memoria Kaiser Ottos I. und später auch für Otto II. und seine byzantinische Gemahlin Theophanu beten. Zu diesem Zeitpunkt war Kaiser Otto II. um die 20 Jahre alt. Wer konnte damals vorausschauen, dass er mit nur 28 in Rom sterben und dort im Petersdom begraben würde?
Dem Kloster in Memleben wurden zu seiner Versorgung zahlreiche Ländereien angegliedert, und es wurde zu einer Reichsabtei erhoben. Es ist interessant, dass eine in der Reichsabtei Memleben ausgestellte Urkunde von 998 als ältester schriftlicher Beweis des Weinbaus an der Unstrut gilt. Vielleicht trug Theophanu, die Gemahlin Kaiser Ottos II., zur Ausbreitung des Weinbaus bei, denn ihre Mutter stammte aus Armenien, einem bekannten Weinbaugebiet.

Über Nacht

★★★ Hotel Zur Kaiserpfalz
Allerstedter Straße 10
D-06642 Wohlmirstedt/Unstrut
Tel. +49 (0)34672 880
www.kaiserpfalz.de

Rund um die Romanik

Ruine des Benediktinerklosters St. Marien

Die Wissenschaftler streiten immer noch über die Stelle, an der einst die Königspfalz stand. Und auch der Ort, an dem das Herz Kaiser Ottos I. ruht, ist noch nicht lokalisiert. Währenddessen besichtigen viele Touristen die Klosterruinen in Memleben, die als Kulisse für den 2011 uraufgeführten Märchenfilm „Jorinde und Joringel" dienten.
Bei einer Führung durch das neuerrichtete Museum Kloster und Kaiserpfalz Memleben erfahren die Besucher von den Lebensumständen der Könige und Kaiser

im Mittelalter, von der Thronfolge, vom Klosterleben, den Bestattungsriten mit Grabbeigaben und vielen anderen aus heutiger Sicht ungewöhnlichen Bräuchen. Die Führungen und museumspädagogische Aktivitäten – Brotbacken nach mittelalterlichem Rezept, Urkunden schreiben, die Mauern erforschen – werden von Mönchen durchgeführt. Die Ruinen zweier Kirchen sind als Teile des Museums zu einem lebendigen Ort geworden.

Von der grandiosen Marienkirche, die vermutlich Otto I. zu Ehren seines Vaters Heinrich I. gründete, sind gegenwärtig einige wenige Teile wie das Kaisertor, die Abschnitte der Sandsteinmauer und die von Archäologen freigelegten Fundamente erhalten geblieben. Doch auch diese Reste sind schon beeindruckend: Die Länge der Basilika betrug über achtzig Meter, ihre Breite fast vierzig. Der Bau bestand aus einem dreischiffigen Langhaus, zwei Querhäusern, zwei Krypten und zwei Chören.

Mindestens 150 Jahre später wurde nordöstlich noch eine Klosterkirche gebaut, von der ebenfalls eine romanische Ruine erhalten ist. Sie war auch als dreischiffige Basilika gebaut, besaß jedoch im Unterschied zu der bereits beschriebenen nur ein Querhaus. Die leicht spitzbogigen Arkaden des Langhauses anstelle von

Krypta der Klosterkirche in Memleben

Rundbogen und die Pfeiler mit dem kreuzförmigen Grundriss lassen den Betrachter schon an den Übergang zur Gotik denken.
In der erhaltenen dreischiffigen Hallenkrypta sind die Säulen schlanker und höher als in Krypten früherer Zeit, beispielsweise in St. Wiperti in Quedlinburg. Als oberer Raumabschluss dient ein Kreuzgratgewölbe.
Thomas-Müntzer-Straße 48, D-06642 Memleben; Tel. +49 (0)34672 60274; 15. März bis 31. Okt.: tägl. 10-18 Uhr; 1. Nov. bis 9. Dez.: Di und So: 10-16 Uhr; weitere Termine nach Absprache; www.kloster-memleben.de

Ausflugstipp

Arche Nebra

Wie oft schauen die modernen Menschen zum Sternenhimmel hoch? Und wie viele von ihnen können ihre Sternzeichen am nächtlichen Himmel finden? Über Sterne und Planeten sowie über die Zeitrechnung im Laufe der Geschichte erfahren Interessierte im Museum „Arche – Nebra" Wissenswertes.
An der Steinklöbe 16, D-06642 Nebra; Tel. +49(0)34461 25520; April bis Okt.: tägl. 10-18 Uhr; Nov. bis März: Di-Fr: 10-16 Uhr; Sa, So: 10-17 Uhr; www.himmelsscheibe-erleben.de

Links unten: Aussichtsturm am Fundort der Himmelsscheibe, rechts unten: die Himmelsscheibe von Nebra

Touristeninformation

Bahnhofstraße 2a
06647 Bad Bibra
Tel. +49 (0)34465 60213
www.vgem-finne.de

Eckartsberga Ideenfundgrube für Dichter

Im Süden Sachsen-Anhalts, an der Grenze zu Thüringen, liegt Eckartsberga. Die Stadt ist rund 22 Kilometer von Naumburg und je etwa dreißig Kilometer von Jena und Weimar entfernt. Es ist bekannt, dass Weimar Leseratten und Schriftsteller anzieht. Doch auch der kleine Ort Eckartsberga hat etwas zu bieten: Hier bekommt man Inspirationen für zukünftige Romane, Balladen, Liebesbriefe, Schulaufsätze und sonstige Werke. Der bekannteste Beweis dafür ist die Ballade *Der getreue Eckart* von Johann Wolfgang von Goethe, die er am 17. April 1813 in Eckartsberga verfasst hat. Den passenden Platz für geistige Ergüsse bietet die Goethe-Bank vor der Eckartsburg. Reisende Schriftsteller, Dichter und unglücklich Verliebte wissen den besonderen Reiz dieser Stelle zu schätzen. Die Fortsetzung der literarischen Beschäftigung, ob Schreiben oder Lesen, findet üblicherweise in der Burggaststätte statt. Immerhin geht es in der Ballade ja um Bier...

Eckartsburg oberhalb der Stadt Eckartsberga

Doch auch bevor Johann Wolfgang von Goethe nach Eckartsberga kam, hatte die Stadt schon lange existiert. Der Name des Ortes findet sich in einer Urkunde von 1074 als *ville Eggehardesberc*. Im Jahre 1288 wurden der Siedlung das Markt- und Stadtrecht verliehen, später auch das Münzrecht und die eigene Gerichtsbarkeit. Die Bevölkerung bestand größtenteils aus Handwerkern und Kaufleuten. Im 15. bis 19. Jahrhundert waren mehrere Einwohner als Fuhrmänner tätig. Heute ist Eckartsberga ein beliebter Urlaubsort.

Über Nacht

★★★ Hotel Am Markt & Restaurant Zum Ratskeller
Hauptstraße 111
D-06648 Eckartsberga
Tel. +49 (0)34467 40021
info@hotel-eckartsberga.de

Familie Schulz
Heideweg 7
D-06648 Eckartsberga
Tel. +49 (0)34467 20435

Familie Krassowka
Siedlung 1
D-06648 Eckartsberga
Tel. +49 (0)34467 20565

Rund um die Romanik

Eckartsburg

Oberhalb der Stadt Eckartsberga thront die Eckartsburg, eine imposante Ruine mit einigen erhaltenen und einigen rekonstruierten Teilen. Der Name der um 998 errichteten Burg leitet sich angeblich von ihrem Gründer Markgraf Ekkehard I. von Meißen ab. Die späteren Umbauten der Burg gehen auf die thüringischen Landgrafen aus dem Geschlecht der Ludowinger zurück. Dass diese Umbauten tiefgreifend waren, bestätigen die Forschungen an historischen Urkunden und archäologische Untersuchungen. Es ließen sich drei Bauphasen – eine romanische und zwei gotische – auf dem Burggelände feststellen.

Die Burg wird von einem 14 bis 20 Meter breiten und bis zu fünf Meter tiefen Graben geschützt. Die Einwohner von Eckartsberga unterscheiden zwischen Vorburg und Hauptburg. Der Zugang zur Vorburg erfolgt durch einen acht Meter langen Torbogen mit einem Nischenraum als Aufenthaltsort für den Torwächter. An der östlichen Ringmauer steht der 22 Meter hohe,

Die Wehrmauer der Unterburg mit dem Hungerturm im Hintergrund

frühgotische Bergfried, der Marterturm. Er diente im Mittelalter und möglicherweise auch danach als Gefängnis. Heute dürfen Besucher von hier aus die wundervollen Aussichten in die Natur genießen. Die Hauptburg ist durch ein weiteres Tor von etwa zehn Metern Länge und drei Metern Breite betretbar. Ein mächtiger Turm ragt über 35 Meter in die Höhe. Sein etwa quadratischer Grundriss hat eine Seitenlänge von mehr als zehn Metern. Er diente früher zu Wohnzwecken. Erstaunlich sind die Leistungen der Erbauer, die mit großem Einfallsreichtum und eigener Kraft solche Bauwerke zustande gebracht haben.

Eckartsburg, D-06648 Eckartsberga; Tel. +49(0)34467 20415; Apr. bis Okt.: täglich ab 10 Uhr solange die Burgtore offen stehen; montags kein Restaurantbetrieb außer an Feiertagen und während der Ferienzeit; Nov. bis März: Sa-So: ab 11 Uhr; www.eckartsburg.de

Weitere Sehenswürdigkeiten

Im Palas der Burg befinden sich ein kleines Museum und das Diorama der historischen Schlacht bei Jena und Auerstedt. Über eine Fahrt an der Sommerrodelbahn werden Kinder, Eltern und Großeltern begeistert sein. Es ist rätselhaft, aber wahr: Viele Menschen sind nach dem Besuch des Irrgartens, der sich ebenfalls hier findet, besser gelaunt. Das Burgenland, eine Miniaturlandschaft mit Burgen und Schlössern von Sachsen, Sachsen-Anhalt und Thüringen, lockt ebenfalls viele Touristen an: Im Maßstab 1:75 sind alle 26 dargestellten Burgen gut zu erkennen und zu vergleichen.

Burgstraße 3, D-06648 Eckartsberga; Tel. +49 (0)34467 20019; Apr. bis Okt.: tägl. 10-18 Uhr

Ausflugstipps

Holländer-Mühle

Schöne Wanderwege führen zur Holländer-Mühle und zur Liebeslaube. Die Holländer-Mühle auf dem Sachsenberg am Ortseingang dient als ein Wahrzeichen der Stadt Eckartsberga. Sie wurde als runde Turmwindmühle 1830 erbaut und fungierte im 20. Jahrhundert nach einer Umrüstung als Sägemühle. Bei einer Wanderung rund um die Stadt Eckartsberga kann an der kleinen Liebeslaube eine Pause eingelegt werden.

Zwergenpark Trusetal

Für eine Familie mit Kindern wäre dieser Freizeitpark ideal. In der Parkanlage „wohnen" 1.500 wetterfeste Zwerge. Außerdem gibt es hier eine Kletteranlage, eine Bimmelbahn und sogar einen Wasserfall.
Brotterroder Straße 55, D-98596 Trusetal; Tel. +49(0)36840 40153; von Ostern bis Ende Okt.: tägl. 10-17 Uhr, bei hohem Besucheraufkommen auch länger; www.zwergen-park.de

Historische Windmühle bei Eckartsberga

Genuss-Tipp

Burgrestaurant Zur Eckartsburg
Burgweg 13b
D-06648 Eckartsberga
Tel. +49 (0)34467/20415
Montag Ruhetag
www.eckartsburg.de

Touristeninformation

Markt 20
D-06648 Eckartsberga
Tel. +49 (0)34467 30212
www.vgem-finne.de

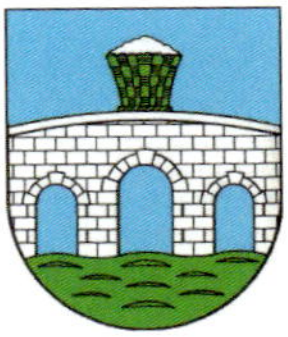

Bad Kösen Weinproben und Heilquellen

Bad Kösen wurde als Vorwerk des Klosters Pforta gegründet und aufgrund seiner günstigen Lage an der Saale lange Zeit als Umschlagplatz für Floßholz genutzt. Die Entdeckung der Salzquellen im 17. Jahrhundert und die Salzproduktion aus Sole wurden zu einem weiteren Wirtschaftszweig. Nachdem die Steinsalzgewinnung sich als günstiger erwiesen hatte, wurden seit dem 19. Jahrhundert fast überall in Deutschland die Saline-Gradierwerke eingestellt. In Bad Kösen kann die Saline, heute ein technisches Denkmal, besichtigt werden. Die gesundheitsfördernden, schwefelhaltigen Salzquellen verhalfen dem Ort Kösen zu seinem Ruhm als Kurort, seit 1859 gilt Kösen offiziell als Solebad. Bekannte Persönlichkeiten wie Franz Liszt, Adolf von Menzel und Theodor Fontane schätzten Bad Kösen und verweilten hier. 1935 wurde das staatliche Prädikat „Bad" dem Stadtnamen beigefügt. Mildes Klima und viel Sonnenschein lassen Wein in dieser Gegend gedeihen. Natürliche Heilquellen ziehen Kurgäste an, die Rad- und Wanderwege begeistern Naturliebhaber. Auch heute sitzen Genießer gern bei einem Glas trockenen Saale-Unstrut-Weines in einer der vielen Straußenwirtschaften entlang der Weinstraße in historischen Orten wie Bad Kösen, Naumburg und Freyburg.

Rund um die Romanik

Romanisches Haus

Selten trifft man heute auf Wohnhäuser und Wirtschaftsbauten aus der Zeit der Romanik. Um Kenntnisse über die mittelalterlichen Profanbauten, also

Gebäude ohne kirchliche Nutzung, zu gewinnen, ist die Besichtigung des romanischen Hauses in Bad Kösen bestens geeignet. Das eingeschossige Haus mit seinem steilen Satteldach gehörte zum Gutshof des Klosters Pforta und diente wirtschaftlichen Zwecken. Es wurde im 12. Jahrhundert auf einem 31 Meter langen und elf Meter breiten Rechteckgrundriss gebaut. Sein Mauerwerk besteht aus Kalksteinquadern. Seine dicke Mauern und die tiefsitzenden kleinen Rundbogenfenster deuten gleich beim ersten Anblick darauf hin, dass dieses Gebäude nicht nur einfach alt ist, sondern gar zu den ältesten Profanbauten in Mitteldeutschland gehört. An der Ostseite befindet sich eine Pforte, die als ihren oberen Abschluss ein Tympanon mit einem Kreuz aufweist. Dieses wurde wahrscheinlich als Zeichen der Zugehörigkeit zum Kloster angebracht. Heute befindet sich hier das Heimatmuseum der Stadt Bad Kösen mit interessanten Objekten aus der Siedlungs- und Klostergeschichte sowie einer Käthe-Kruse-Puppensammlung.

Am Kunstgestänge, D-06628 Bad Kösen, Tel. +49 (0)34463 27668; Apr. bis Okt.: Di-Fr: 10-12 Uhr und 13-17 Uhr; Sa, So: 10-17 Uhr; Nov. bis März: Mi: 10-12 Uhr und 13-16 Uhr; Sa, So: 10-16 Uhr; 15. Dezember bis 15. Januar geschlossen

Hofansicht des Museums „Romanisches Haus" in Bad Kösen

Genuss-Tipp

Restaurant & Hotel
Zum Wehrdamm
Loreleypromenade 3
D-06628 Bad Kösen
Tel. +49(0)34463 28405
www.wehrdamm.de

Rudelsburg

Nahe dem kleinen Ort Saaleck am Ostufer der Saale liegt Rudelsburg. Die Rudelsburg erhebt sich auf über achtzig Meter hohen Kalksteinklippen, und von der Burg öffnet sich eine wunderschöne Aussicht über die Saale-Schleife. Um zur Burg zu gelangen, geht man über eine Hängebrücke. Das Burggelände bestand früher aus einer Kernburg für die Burgherren und einer Vorburg, in der die Bediensteten untergebracht wurden. Die Kernburg hat einen beinahe rechteckigen Grundriss, dabei bildet der an der Nord-Süd-Achse ausgerichtete, rund zwanzig Meter lange Palas ihre westliche Grenze. Der Palas hat einen überwölbten Keller und zwei Geschosse, im oberen befindet sich der Rittersaal aus dem 19. Jahrhundert. Da die Rudelsburg in vergangenen Jahrhunderten mehrfach beschädigt, geplündert und zerstört wurde, blieben hier keine auffälligen romanischen Elemente wie in den vorher gesehenen Kirchen erhalten. Doch der Kunstkenner findet an einer Seite ein Fenster, das durch zwei Säulchen mit Würfelkapitellen gegliedert wurde. An dem Palas wurden nördlich und südlich zwei weitere Gebäude angebaut, so dass die drei U-förmig gestellten Bauten einen engen Innenhof bilden. Gegenüber vom Palas, im Südosten, befindet sich ein im Grundriss quadratischer Bergfried. Er dient heute als Aussichtsturm. In seinem unteren Bereich liegt ein Raum mit dem für die Romanik typischen Tonnengewölbe und einer rundbogigen Wandnische: Dabei handelt es sich um das Verlies. Der Eingang, eine rundbogige Türöffnung, befindet sich hoch oben an der Westseite des Bergfrieds. Von der Kernburg nach außen lag das Gelände der Vorburg, es war durch eine Ringmauer mit zwei gut gesicherten Toren, einen Graben und einen Wall geschützt.

Die Rudelsburg wurde neben den anderen Saale-Burgen, etwa der Burg Saaleck, zum Schutz der Bischofsstadt Naumburg und zum Überwachen der Straßen von Naumburg nach Weimar und Jena gebaut. Wann genau dies geschah, ist zum heutigen Zeitpunk unbekannt. Man nimmt an, dass die Rudelsburg im 10. oder 11. Jahrhundert errichtet wurde. Um 1170 befand sie sich als bischöfliches Lehen im Besitz der Wettinischen Markgrafen von Meißen. Eine Urkunde aus dem Jahr 1271 nennt namentlich zwölf *castellani*, also Burgmannen in *Ruthleibisberch*. 1348 war die Rudelsburg wegen einer Fehde zwischen den Bürgern von Naumburg und dem damaligen Burgherren belagert. Es folgten Zerstörungen während des Sächsischen Bruderkriegs im Jahre 1450. Schwedische Truppen legten 1640 einen Brand und beschädigten die Rudelsburg so stark, dass sie 1641 von allen hier ansässigen Bewohnern verlassen wurde. Die Rudelsburg zerfiel, und ihre Mauern wären

Über Nacht

★★★ Villa Ilske
Ilsker Weg 2
D-06628 Bad Kösen
Tel. +49(0)34463 3660
www.villa-ilske.de

Die Rudelsburg ist ein echtes Highlight.

Stein für Stein von der Bevölkerung ganz abgetragen worden, wenn sich nicht 1771 ein Unfall bei den Abrissarbeiten ereignet hätte. Dies wurde als unglückliches Omen angesehen, und das Gewinnen von Baumaterial von der Rudelsburg wurde aufgegeben.
In den folgenden Jahrzehnten war die Rudelsburg mit Pflanzen überwuchert. Dann entdeckten die Romantiker ihre Ruinen. Im 19. Jahrhundert wurde die Burg von dem Bewuchs befreit, öffentlich zugänglich gemacht und im Stil des Historismus „ergänzt". Vor allem Studenten aus Jena, Halle und Leipzig pilgerten in Scharen zur Rudelsburg. Diese Tradition hält bis heute an, und an Pfingsten treffen sich hier jetzige und ehemalige Studierende zum gemütlichen Beisammensein und Singen. Das Lied „Dort Saaleck, hier die Rudelsburg..." gilt den Kösener Corpsstudenten, einer historischen Studentenvereinigung, als Erkennungssymbol.
Burgstraße 33, 06628 Bad Kösen; Tel. +49 (0)34463 27325; Apr. bis Okt.: tägl. 10-18 Uhr; Nov. bis März: Di-So: 10-17 Uhr; www.rudelsburg.com

Burg Saaleck

In Sichtweite der Rudelsburg liegt die Burg Saaleck. Sie wurde wahrscheinlich um 1050 gebaut. Die erste bekannte Erwähnung stammt aus einer 1140 ausgestellten Urkunde, in der ein *Hermannus advocatus de Salek* genannt wird. Die Burg Saaleck bestand aus einer Kernburg sowie einer Vorburg und besaß zwei Ringmauern. Der Grundriss der Kernburg hatte eine annähernd ovale Form. Die Vorburg dehnte sich überwiegend in nördlicher Richtung aus. Hier wohnte das einfache Volk, auch die Nutztiere waren hier untergebracht. An der inneren Burgmauer sind noch heute die Reste der Wohnstätten erkennbar. Von der äußeren Burgmauer sieht man fast nichts, da ihre Steine nach der Aufgabe der Burg im 18. Jahrhundert von der Bevölkerung zum Errichten anderer Bauten genutzt wurden.

Blick auf Ort und Burg Saaleck

Das Wahrzeichen der Burg Saaleck sind ihre zwei runden, etwa 23 Meter hohen Bergfriede. Sie wurden aus sorgfältig gequaderten Kalksteinen gebaut, die Mauerstärke erreicht zwei Meter. Von außen erkennt man die vom Baugerüst verbliebenen kleinen Löcher und die Abrisskanten der inneren Burgmauer. Es ist anzunehmen, dass der westliche Bergfried als Wohnturm genutzt wurde. In einem seiner Räume finden sich eine mittelalterliche Abortanlage und ein Kamin.
Die Entfernung zwischen den Bergfrieden beträgt rund 33 Meter, und nach den Fundamentresten vermutet man an dieser Stelle einen Palas. Derzeit befindet sich in einem der Räume des westlichen Bergfrieds ein kleines Museum zur Geschichte der Region und der Burg. Der östliche Turm ist für eine Wechselausstellung vorgesehen.
Der Burgbrunnen wurde vor Kurzem freigelegt, seine Tiefe wird auf siebzig Meter geschätzt.
Burgstraße 2, D-06628 Bad Kösen; Tel. +49 (0)34463 27745 oder 26553; Ostern bis Okt.: Mo-Fr: 10-17 Uhr; Sa, So: 10-18 Uhr; Führungen auf Anfrage

Touristeninformation

Tourist-Information
Naumburger Straße 13b
D-06628 Bad Kösen
Tel. +49 (0)34463 28289
www.naumburg.de

Schulpforte Herkunftsort des ersten Saale-Weins

Nur vier Kilometer östlich von Bad Kösen liegt der kleinere Ort Schulpforte, früher auch Schulpforta genannt. Schulpforte liegt an der Saale, und die Bundesstraße 87 verläuft direkt durch den Ort, der eigentlich *Claustrum Sanctae Mariae ad Portam*, auf Deutsch „Kloster der heiligen Maria an dem Tore" hieß. Wer vermutet, dass das Kloster vor einem Stadttor gegründet wurde und daher den Zusatznamen „an dem Tore" trägt, der liegt falsch: Die Mönche haben vermutlich an die „Himmelspforte" gedacht. Die Umschrift am historischen Klostersiegel deutet diese Assoziation an. Das Kloster bestand bis zur Reformation. Danach wurde 1543 in den Klostergebäuden die Sächsische Landesschule eingerichtet, die mit entsprechenden

Schulpforte auf einer Ansichtskarte um 1900

Anpassungen an unsere Zeit bis heute besteht. Viele namhafte Persönlichkeiten drückten hier die Schulbank, darunter der Philosoph Johann Gottlieb Fichte, der Dichter Friedrich Gottlieb Klopstock sowie der Dichter und Philosoph Friedrich Nietzsche.

Über Nacht

★★★ Berghotel Wilhelmsburg
Eckartsburgaer Straße 20
D-06628 Bad Kösen
Tel. +49 (0)34463 3670
www.berghotel-wilhelmsburg.de

Rund um die Romanik

Ehemaliges Zisterzienserkloster Sanctae Mariae ad Portam

Hierher, in die Buchenwälder an der Saale, verlegte Bischof Udo I. von Naumburg im Jahre 1137 das Zisterzienserkloster, das vorher in Schmölln gegründet und mit Mönchen aus Walkenried besetzt worden war. Die Mönche legten im Mittelalter einen Damm gegen Hochwasser an, bauten ein Wehr in Bad Kösen und pflanzten 1144 am Köppelberg die ersten Weinreben an. Sie kultivierten das Land, züchteten neue Gemüse- und Obstsorten und bauten ihre Klosteranlage aus. Einfachheit in Form und Funktion gilt als Kennzeichen der Baukunst der Zisterzienser. Die Reduktion auf das Wesentliche bedeutet aber keineswegs Primitivität. Der Bau begann im Steinbruch bei der Auswahl des Baumaterials. Die Steinblöcke wurden abgeklopft, und nach dem Klangschall beurteilte der Steinmetz, ob nicht verborgene Mängel im Inneren des Steines zu befürchten wären. Nur die besten Steine wurden zu Quadern verarbeitet, Exaktheit war oberstes Gebot. Der Wunsch nach Askese äußerte sich im Verzicht auf bunte Ornamentik. Bei früheren romanischen Bauten hat man die Freude an der farbigen Gestaltung gesehen, etwa in Pretzien, in Gröningen und in Quedlinburg. Auch der Stützenwechsel fand bei den Zisterziensern keine breite Anwendung. Es waren minimale Abweichungen bei der Gestaltung der Stützen zulässig, die man nur bei aufmerksamer Betrachtung feststellen konnte.

Genuss-Tipp

Restaurant & Hotel Schöne Aussicht
Ilskestraße 1
D-06628 Bad Kösen
Tel. +49 (0)34463 27365
www.schoeneaussicht-bad-koesen.de

Torhaus des Klosters von 1857

Die erste Klosteranlage verfügte über eine kreuzförmige Basilika, im Norden waren die drei Flügel der Klausur um einen beinahe quadratischen Hof gruppiert. Schon nach hundert Jahren begann man, die Kirche auf den alten Fundamenten und anscheinend mit Einbeziehung der vorhandenen Bausubstanz umzubauen. Die romanischen Säulen wurden durch Pfeiler ersetzt, der Chor bekam gotische Spitzbogenfenster. Das Langhaus wurde erhöht, erhielt Kreuzrippengewölbe und wurde um zwei Joche nach Westen verlängert. Das Ungewöhnlichste war jedoch an der Außenseite angebracht: Anstelle des wehrhaften Westwerks mit Türmen war die Westseite mit einem Giebel gestaltet. Im Giebelfeld erscheint Christus am Kreuz von Golgatha. Zur romanischen Ausstattung der Kirche gehören heute unter anderem der mit Blendarkaden verzierte, steinerne Blockaltar und ein bemaltes Triumphkreuz. Sehenswert sind auch Kunstwerke späterer Zeit wie Epitaphe und der Dreikönigsaltar sowie hölzerne Figuren von Madonna und Christus. Die Klausurgebäude aus der Zeit der Romanik wurden zwar mehrfach verändert, doch im Kreuzgang finden sich unverkennbare romanische Details wie Stützen und Rundbogenarkaden. In der sogenannten Abtskapelle des Fürstenhauses sind spätromanische Kapitelle erhalten geblieben.

Schulstraße 12, 06628 Schulpforta; Tel. +49(0)34463 35110; Nov. bis März.: Mo-So: 10-16 Uhr; April bis Okt.: Mo-So: 10-18 Uhr; Führungen nach telefonischer Voranmeldung: April bis Okt.: Sa: 10.30 und 14 Uhr; www.landesschule-pforta.de

Weitere Sehenswürdigkeiten

Landesweingut Kloster Pforta

Geschäftsführer des Landesweinguts Kloster Pforta Christian Kloss

Das Landesweingut Kloster Pforta liegt an der Saale zwischen Naumburg und Bad Kösen, inmitten des Weinanbaugebiets Saale-Unstrut. Die ersten Nachweise über Weinbau, der vom Kloster Pforta und den Zisterziensermönchen in Schulpforte ausging, stammen aus der Zeit unmittelbar nach der Klostergründung im Jahr 1137. Bereits 1154 wurde der zwischen Bad Kösen und Schulpforte liegende Pfortenser Köppelberg von den Klosterbrüdern aufgerebt. Diese Fläche ist noch heute im Besitz des Landesweingutes und wird nach den Regeln modernen Weinbaus als Demonstrationsweinberg für seltene autochthone Reben wie Weißen Heunisch bewirtschaftet. Die Rebflächen des Guts mit einer Gesamtfläche von 48 Hektar liegen an der Saale zwischen Bad Kösen, Naumburg, Goseck, Eulau und Freyburg. Die Winzerhäuser und Gewölbekeller der Mönche aus dem 12. Jahrhundert sind seit 2001 wieder Hauptsitz, Produktionsstätte und Verwaltung des heutigen Guts. Eine Vinothek befindet sich im 1857 erbauten und sehenswerten Torhaus des Klosters in Schulpforte direkt an der B 87 zwischen Naumburg und Bad Kösen. Hier können die Weine des Landesweinguts verkostet und das gesamte Sortiment von André bis Zweigelt erworben werden.

Landesweingut Kloster Pforta; Saalhäuser 73, D-06628 Bad Kösen; Tel. +49 (0)34463 3000; www.kloster-pforta.de

Touristeninformation i

Markt 6
D-06618 Naumburg
Tel. +49 (0)34463 273124
tourismus@naumburg.de
www.naumburg.de

Naumburg (Saale) Rendezvous mit Uta

In der ruhigen Stadt Naumburg (Saale) mit rund 28.000 Einwohnern findet man fast alle Einrichtungen und Geschäfte einer Großstadt. Die Vorteile einer Kleinstadt wie kurze Entfernungen und frische Luft sowie die „volksfreundlichen" Preise wurden aber beibehalten. In vielen Straßencafes bekommt man für wenig Geld eine Tasse Kaffee und ein großes Stück frischgebackenen Kirschkuchens. Ende Juni werden zahlreiche Sorten stehen. Es waren die Römer, die Kirschen nach Deutschland brachten, und so könnten sie als „romanisch" gelten. Die Römer hatten die ersten Kirschbäume aber selbst aus Kleinasien importiert, aus der Stadt Kerasos in der heutigen Türkei. Aus dem Stadtnamen Kerasos leitet sich auch das Wort „Kirsche" ab.

Der Stadtname Naumburg ist ebenfalls eine Umformung, und geht auf die Bezeichnung Neuenburg zurück. Um das Jahr 1000 saßen auf der Burg bei Großjena die Markgrafen, die eine neue Burg, die

Naumburg auf einer Ansichtskarte um 1900

Neuenburg, errichteten. Die genannte Burg lag westlich des heutigen Naumburger Domes etwa auf dem Platz des Oberlandesgerichts am Domplatz 10. Bei der Neuenburg wurde ein Kollegiatsstift gegründet, das heute als evangelisches Domstift weiter besteht. Die Geschichte der Stadt war und bleibt aufs Engste mit dem Dom und dem Domstift St. Peter und Paul verbunden. Die Symbole von St. Peter und Paul – der Schlüssel und das Schwert – wurden von den Bischofssiegeln auf das heutige Stadtwappen übertragen. Im Mittelalter wurden sogar die Jahrmärkte in Naumburg als Peter-Pauls-Messen bezeichnet, sie waren gut besucht. Doch bei der Konkurrenz mit Leipzig konnte Naumburg nicht mithalten. Darum kennt man heutzutage Naumburg nicht als Messe-Stadt, sondern als die Stadt des Naumburger Meisters. Hierher kommen die Touristen zum Rendezvous mit seiner Uta.

Steinfiguren des Naumburger Meisters: Die Stifterfiguren Ekkehard und Uta

Genuss-Tipp

Restaurant Carolus Magnus
Markt 11
D-06618 Naumburg
Tel. +49 (0)3445 261060
tägl. 11.30-22 Uhr
www.hotel-stadt-aachen.de

Rund um die Romanik

Dom St. Peter und Paul

Der schönste Blick öffnet sich von der Burgstraße: Von hier aus kann man den Dom und die angeschlossenen Stiftsgebäude als Ganzes wahrnehmen. Kommt man dem Dom näher, treten seine schönen dekorativen Details wie die romanischen Rundbogenfriese und die gotischen Maßwerkfenster deutlicher zum Vorschein.

Der jetzige Dom wurde ab 1210 als Basilika auf einem kreuzförmigen Grundriss erbaut. Von seinem romanischen Vorgängerbau wurde eine Krypta übernommen. Vermutlich kamen noch weitere romanische Bauteile zum Einsatz, als man mit dem Errichten eines etwa hundert Meter langen und hellen Domes mit Elementen der Gotik begann. Der neue Dom wurde äußerst prächtig angelegt: Er hat je einen Chor im Osten und im Westen, ein dreischiffiges Langhaus, ein Querhaus und je zwei Türme im Osten und im Westen. Die vier Türme sind zu einem unverwechselbaren Kennzeichen von Naumburg geworden. Natürlich entstanden nicht alle Bauteile des Domes gleichzeitig: Wenn man die schlichten unteren Teile der Osttürme separat

Links: Dreikönigskapelle des Naumburger Doms, rechts: Ekkehard-Brunnen vor dem Dom

betrachtet, wird man von ihrem romanischen Ursprung überzeugt. Die Obergeschosse der Türme haben rundbogige Doppelfenster, deren schlanke Proportionen eher für die Gotik typisch sind. Die Zeitspanne von mindestens einem Jahrhundert lag zwischen den Bauphasen. Ihre barocken Hauben erhielten die Osttürme erst 1711. Bei einer Besichtigung beschäftigen sich viele Touristen mit der Suche nach romanischen rundbogigen Formen, die sich manchmal in direkter Nachbarschaft zu den Spitzbogenfenstern und den gotischen Strebepfeilern befinden. Romanische und gotische Elemente lassen sich beim Naumburger Dom nicht trennen. Wenn man an der Außenseite dem Westchor seine Strebepfeiler mit Wasserspeiern in Tiergestalt nähme, dann bliebe ein romanisch proportionierter, schlichter Bau übrig. Im Inneren des Domes entwickelt sich eine ähnliche Wirkung: Viele Bauelemente und Schmuckstücke hätte man der Romanik nicht zugeordnet, doch vollständig gotisch sind sie auch nicht. Die zwölf Gedächtnisfiguren im Westchor stellen hochadlige Persönlichkeiten des 11. Jahrhunderts dar. Dabei bilden acht Figuren Ehepaare, die vier restlichen Figuren sind Einzelpersonen. Erstaunlich ist die Tatsache, dass die Abgebildeten seit etwa zweihundert Jahren tot waren, als der Naumburger Meister diese Figuren aus feinporigem Sandstein herstellte und bemalte. Sie sehen realistisch aus, ihre Gesichtszüge haben einen derart lebendigen Ausdruck, dass man meinen könnte, diese Menschen seien miteinander im Gespräch. Eben dies wurde vom Meister sicherlich beabsichtigt, denn die Personen waren untereinander verwandt. Dem Markgrafen Ekkehard von Meißen mit seiner Gemahlin Uta von Ballenstedt stehen sein Bruder Hermann von Meißen und dessen lächelnde Gemahlin Reglindis gegenüber.

Über Nacht

★★★ Artisthotel Naumburg
Steinweg 28
D-06618 Naumburg
Tel. +49 (0)3445 2300391
www.artisthotel.de

Die Bezeichnung „Naumburger Meister" ist eine Notlösung, weil der reale Name des Bildhauers bis heute unbekannt ist. Man vermutet, dass dieser Meister in Frankreich, in Noyon oder Amiens, ausgebildet wurde. Nördlich und südlich des Domes schlossen sich die Stiftsgebäude an, von diesen sind heute noch die Dreikönigskapelle, die Marienkirche, die Klausur und der Kreuzgang an der Domsüdseite erhalten. Die Stiftsgebäude sind um einen beinahe quadratischen Kreuzganghof gruppiert.

Im Naumburger Dom findet jeder Besucher neben einer informativen Führung viele weitere interessante Aktivitäten und Ausstellungen, beispielsweise von Faksimiles mittelalterlicher Bücher.

Domplatz 16/17, D-06618 Naumburg; Tel. +49 (0)3445 230110; März bis Okt.: Mo-Sa: 9-18 Uhr; So und kirchliche Feiertage: 12-18 Uhr; Nov. bis Febr.: Mo-Sa: 10-16 Uhr; So und kirchliche Feiertage: 12-16 Uhr; 24. und 31. Dezember: 9-12 Uhr; www.naumburger-dom.de

Ägidienkurie

Als Kurie bezeichnet man im allgemeinen den Sitz der päpstlichen Behörde, in Naumburg sind es die Wohn- und Verwaltungsgebäude der Domherren. Besonders interessant ist die Kapelle der Ägidienkurie, die sich nördlich vom Westchor des Domes an einer Straßenecke befindet. Diese Kapelle entstand mit Baubeginn des Domes Anfang des 13. Jahrhunderts. Sie hat einen quadratischen Grundriss, ist zweigeschossig und mit einem Dach in Pyramidenform versehen. Das Untergeschoss ist schlicht gestaltet, darauf sitzt das Obergeschoss mit Ecklisenen. Die äußere Wandfläche des Obergeschosses ist etwas nach innen versetzt, so dass die Ecklisenen mit der Oberfläche des Untergeschosses bündig sind. Als oberer Abschluss der Wand dient ein dekorativer Fries aus Dreiecken. An der Südseite wird dieser durch ein kleines, mittig platziertes, rundes Fenster unterbrochen. Außerdem ist an der Südseite im Obergeschoss ein ehemals vorhandenes Rundbogenportal zu erkennen, zu dem früher eine Außentreppe führte. An der Ostseite springt aus der Wandfläche des Obergeschosses eine halbrunde Apsis hervor, sie ruht auf einer Konsole.

Im Inneren ist das Untergeschoss mit vier Kreuzgratgewölben überspannt, für diese wurde ein Zentralpfeiler aufgestellt. Auf den Schlusssteinen der Gewölbe befinden sich die Abbildungen von Zapfen oder Fratzen. Im Obergeschoss sind die Ecken so abgeschrägt, dass sich ein im Grundriss achteckiger Raum bildet. Dieser Raum ist kuppelartig überwölbt.

Domplatz 16/17, D-06618 Naumburg; Tel. +49 (0)3445 230110; geöffnet nur auf Anfrage; Führungen ab zehn Personen nach Voranmeldung, www.naumburger-dom.de

Weitere Sehenswürdigkeiten

Marienstraße

Um die Innenstadt herum sieht man immer noch die mittelalterliche Stadtmauer mit dem vorgelagerten Graben. Das große Marientor in der Marienstraße stellt ein seltenes Beispiel eines Stadttors mit einem Turm und einem Zwinger dar.

Marienstraße, D-06618 Naumburg

Das 1446 in Form einer Barbakane errichtete Marientor in Naumburg

Markt

An der Westseite des Marktes steht das repräsentative Renaissance-Rathaus. Der Marktbrunnen von 1547 sowie die historischen Bürgerhäuser bieten eine Reihe schöner Fotomotive für kulturinteressierte Urlauber.
Markt, D-06618 Naumburg

Kirche St. Wenzel

Südlich vom Markt befindet sich die bereits im Jahre 1228 genannte Stadtkirche St. Wenzel. Sie wurde mehrfach umgebaut und zeigt spätgotische wie auch barocke Formen. Hier ließen sich die bürgerlichen Stifter früherer Jahrhunderte durch ihre Bildnisse verewigen. Kostbar sind Teile eines Altars von Lucas Cranach d. Ä. und ein Gemälde aus der Rubens-Werkstatt. Die riesige Orgel, um 1695 erbaut, erhielt ihr neues Werk 1743, bei der Abnahme war Johann Sebastian Bach anwesend. Mehrere Teile der Orgel sind im Originalzustand erhalten geblieben.
Othmarsplatz 10, D-06618 Naumburg; Gottesdienst sonntags um 10 Uhr; Führungen nach Anfrage beim evangelischen Pfarramt: Tel. +49(0)3445 201446; www.kirche-naumburg.de

Oben: Die spätgotische Stadtpfarrkirche St. Wenzel, unten: Marktplatz mit restaurierten Bürgerhäusern

Gut zu wissen…

Wenn aus konservatorischen Gründen die Präsentation von originalen mittelalterlichen Handschriften nicht möglich ist, werden genaue Kopien auf Kalbshaut mit Nachbildung der Siegel aus Wachs, Blei und Gold hergestellt. Solche materialechten Rekonstruktionen eines alten Dokuments nennt man Faksimile. Bald wird es möglich sein, die historische Bibliothek des Naumburger Domes bei einer Führung zu besuchen und Originale sowie Faksimiles der mittelalterlichen Urkunden und Bücher anzuschauen.

Kirche St. Moritz

Diese im 11. Jahrhundert westlich der Innenstadt gegründete Kirche wurde seit 1119 von den Augustinerchorherren benutzt. Um 1510 folgte ein Umbau der Kirche. Aus romanischer Zeit stammen die Eichenholzfiguren von Maria und Christus, Teile einer Triumphkreuz-Gruppe, die in der Kirche in Kopien dargestellt sind. Die Originale sind nun nach fachgerechter Restaurierung im Bode-Museum in Berlin zu besichtigen.

Moritzberg 31, D-06618 Naumburg; Gottesdienst: Sonntags um 10.30 Uhr; Führungen nach Anfrage beim evangelischen Pfarramt: Tel. +49 (0)3445 778201; www.kirche-naumburg.de

Ausflugstipp

Schönburg

Nur sechs Kilometer von Naumburg entfernt liegt Schönburg, ehemals Sommersitz der Naumburger Bischöfe. Diese Burganlage aus dem 12./13. Jahrhundert beeindruckt durch ihre stellenweise mehr als dreieinhalb Meter starke Mauer und den 32 Meter hohen Bergfried.

Burg 1, D-06618 Schönburg; Tel. +49 (0)3445 750218; www.burg-schoenburg.de

Touristeninformation

Markt 6
D-06618 Naumburg
Tel. +49 (0)34463 273124
tourismus@naumburg.de
www.naumburg.de

Goseck
Einfach mal ein Schloss mieten

Ungefähr zehn Kilometer nordwestlich von Naumburg warten in ländlicher Gegend gleich zwei Überraschungen auf uns: ein frühgeschichtliches Sonnenobservatorium und ein Schloss. Die Entdeckung des Sonnenobservatoriums stellt einen Erfolg der Luftarchäologie dar. Als man in den 1990er Jahren Luftaufnahmen dieses Gebiets anfertigte, kamen im Fotobild zwei konzentrische Kreise zum Vorschein. Solche verborgenen Spuren menschlicher Tätigkeit wären vom Erdboden aus nicht zu erkennen. Aus der Luft aber würde beispielsweise die Stelle über einer Steinmauer wegen des spärlicheren Pflanzenwuchses etwas heller erscheinen, da die Humusschicht in diesem Bereich dünner ist.

Schloss Goseck (Lithographie um 1860, Sammlung Alexander Duncker)

Dagegen lassen Stellen mit vielen Hölzern unter der Erde Pflanzen üppiger wachsen. Dadurch entsteht ebenfalls ein Farbunterschied auf dem Luftbild. Wenn also an der abgebildeten Erdoberfläche geometrische Figuren wie Rechtecke, Dreiecke oder Kreise sowie regelmäßige lineare Strukturen vorkommen, handelt es sich mit großer Wahrscheinlichkeit um eine Stätte menschlichen Wirkens, und Archäologen beginnen ihre Ausgrabungen. Auf diesem Wege wurden neue Kenntnisse über die Gegend von Goseck gewonnen. Schon vor 7.000 Jahren lebten Menschen hier. Sie hinterließen eine Kreisgrabenanlage mit zwei konzentrischen Palisadenringen, die uns sofort an das prähistorische Megalithbauwerk Stonehenge in England erinnern. Dort handelt es sich zwar um Steine, doch sind diese ebenso in zwei konzentrischen Kreisen angeordnet wie die Baumstämme in Goseck.

Über Nacht

Gästezimmer im Schloss
Burgstraße 53
D-06667 Goseck
Tel. +49 (0)3443 284488
www.schlossgoseck.org
Hunde können gegen Aufpreis mitgebracht werden.

Die zweite Sehenswürdigkeit in Goseck ist das Schloss, das vor über tausend Jahren eine Burg und später auch ein Kloster war. Nun kann man es mieten: Für Familienfeiern oder für Tagungen sind der Schlosssaal und die Terrasse hervorragend geeignet. Außerdem gibt es hier eine Herberge und eine Schenke. Ob man hier auf märchenhafte Gespenster trifft, kann nicht vorausgesagt werden. Die kunstvollen Flüge heimischer Fledermäuse über die Schlossanlage bekommt man an warmen sommerlichen Abenden aber mit großer Wahrscheinlichkeit zu sehen.

Schloss Goseck dient heute auch als Musik- und Kulturzentrum.

Genuss-Tipp

Schloss-Schenke
Die Auswahl an Speisen ist klein, aber fein. Ein Anruf vorab genügt, und all Ihre Wünsche gehen in Erfüllung, ob vegetarisch oder aus bestem Fleisch. Dazu werden ausgewählte Saale-Unstrut-Weine serviert.
Tel. +49(0)3443 284487; schenke@schlossgoseck.de

Rund um die Romanik

Schloss Goseck

Die heute fast nur in archäologischen Spuren nachweisbare große Burg existierte in Goseck seit dem 9. Jahrhundert. Im zwischen 881 und 899 entstandenen Hersfelder Zehntregister wurde Goseck als „Gozacha Civitas" eingetragen.
Um das Jahr 1000 gelangte diese Grenzburg in den Besitz eines Edelmanns namens Friedrich, den der König mit dem Titel eines Pfalzgrafen von Sachsen auszeichnete. Friedrich erbaute 1032 neben seiner Burg die Kapelle St. Simeon als Grablege seines Geschlechts. Friedrich II., Adalbert und Dedo, die drei tiefgläubigen Söhne dieses ersten Pfalzgrafen, gründeten im Jahre 1041 auf dem Burggelände ein Benediktinerkloster. 1046 wurde die Krypta und 1051 die Klosterkirche durch Adalbert, zu diesem Zeitpunkt schon Bischof von Bremen, geweiht.
Nach der Säkularisation gelangte das Kloster im Jahre 1548 zunächst in den Besitz von Georg von Altensee, der es zu Wohnzwecken umbaute. Dadurch bekamen die ehemaligen Klosterbauten die

Romanische Krypta der Klosterkirche

heute noch leicht zu erkennende Renaissance-Gestaltung. 1615 wurde die Klosterkirche zur Schlosskirche umgebaut. Später besaßen andere adlige Familien das Schloss, und bei jedem Besitzwechsel wurde etwas renoviert oder entfernt, geändert, neu eingerichtet oder ausgebaut. Von 1840 bis 1945 gehörte das Schloss den Grafen von Zech-Burkesroda. Der östliche Schlossflügel fiel 1846 einem Wunsch nach schöner Aussicht zum Opfer: Um von der Terrasse ins Saaletal schauen zu können, trug man ihn ab. Die Schlossanlage wurde zum Objekt der Straße der Romanik, da Teile der romanischen Klosterkirche erhalten sind. Dazu gehören die Vierung, der Chor, die beiden Querhausarme und die Krypta aus dem 11. Jahrhundert sowie der Südwestturm vom Ende des 12. Jahrhunderts. Auf dem Schlossgelände werden seit einigen Jahren archäologische Ausgrabungen durchgeführt. Es sind schon Grundrisse des ehemaligen Kreuzgangs und des Dormitoriums erstellt worden. Bei Ausgrabungen entdeckte man einen Hospitalfriedhof wieder.
Schloss Goseck e. V. / Europäisches Musik- und Kulturzentrum, Burgstraße 53, D-06667 Goseck, Tel. +49 (0)3443 284488, brief@schlossgoseck.de; Besichtigungen und Führungen im Schloss: April bis Sept. nach Absprache

Weitere Sehenswürdigkeiten

Sonnenobservatorium

Im Schloss befindet sich ein Informationszentrum zur rekonstruierten Anlage des Sonnenobservatoriums am Ortsrand von Goseck. Es ist ratsam, es zu besuchen, bevor man auf eigene Faust das Sommerobservatorium erkundet.
Tel. +49 (0)3443 379478 oder +49 (0)174 1419682; Di- So: 11 -16 Uhr; öffentliche Führungen ganzjährig an Sonn- und Feiertagen um 14.30 Uhr; www.sonnenobservatorium-goseck.info

Touristeninformation

Markt 27
D-06667 Weißenfels
Tel. +49 (0)3443 303070

Zeitz
Mittelalter unter der Erde

Im Tal der Weißen Elster, an der Grenze zu Thüringen, liegt die Stadt Zeitz. Heute im Bundesland Sachsen-Anhalt, gehörte diese Gegend bis zum 6. Jahrhundert dem Reich der Thüringer an. Im Jahre 531 kam es zu einer Schlacht zwischen dem sächsisch-fränkischen und dem thüringischen Heer. Das Gebiet wurde danach dem fränkischen Reich angegliedert, die Territorien waren jedoch fast entvölkert. Slawische Stämme besiedelten dieses Land, bestellten Felder und gründeten neue Ortschaften. Viele Ortsnamen der Region, darunter auch der Stadtname Zeitz, entstammen der wendischen Sprache. Um 950 wurde in Zeitz eine Königsburg errichtet. 967 beschlossen Kaiser Otto I. und Papst Johannes XIII. auf der Synode von Ravenna, die deutsche Herrschaft zu festigen und einige neue Bistümer zu gründen. Außer dem Erzbistum Magdeburg entstanden so die Bistümer Merseburg,

Blick ins Tal der Weißen Elster mit der Stadt Zeitz

Meißen und Zeitz. Die Stadt Zeitz erhielt eine planmäßig angelegte bischöfliche Oberstadt am und auf dem Berg, im Tal am Flussübergang blieb die frühere Marktsiedlung bestehen. Das Bistum wurde 1030 nach Naumburg verlegt, die Bischöfe hielten sich jedoch auf der Burg in Zeitz auf. Jahrhundertelang fungierte Zeitz als Zentrum des Fernhandels. 1429 zogen die Hussiten gegen das Naumburger Stift, die Stadt Zeitz und der Dom wurden während dieser Auseinandersetzungen beschädigt. In den Jahren 1652 bis 1718 hatte Zeitz seine Glanzzeit: Es wurde zur Hauptstadt des Herzogtums Sachsen-Zeitz erhoben.
Spuren der über tausendjährigen Geschichte finden sich heute in Zeitz auf Schritt und Tritt, etwa im alten Straßenbelag, in den Resten der Stadtmauer, in den historischen Straßennamen und sogar in den unterirdischen Gängen der „Bierlagerkatakomben".

Genuss-Tipp

Gaststätte Rustika
Judenstraße 7
D-06712 Zeitz
Tel. +49 (0)3441 227841
www.rustika-zeitz.de

Rund um die Romanik

Dom St. Peter und Paul

Vergeblich sucht man in Zeitz einen zweitürmigen Dom wie in Magdeburg oder einen viertürmigen wie in Naumburg: Der Zeitzer Dom hat seit langem keine Türme mehr. Der Dom wurde im 16. Jahrhundert zu einer Schlosskirche umgebaut. Anstelle eines romanischen Westwerks befindet sich im Westteil des ehemaligen Domes eine Fürstenloge. Die Kanzel, der Choraltar, der Orgelprospekt und mehrere Epitaphe im Inneren der Kirche tragen eindeutig barocke Stilmerkmale. Die Maßwerkfenster lassen an eine gotische Bauphase denken. An den Bündelpfeilern des Langhauses sieht man hoch befestigte, etwa mannsgroße steinerne Heiligenfiguren aus dem Jahre 1510.
Um zu den romanischen Teilen des Domes zu gelangen, muss man die Krypta unter dem Chor besichtigen.

Die dreischiffige Krypta ist überwölbt und hat eine halbrunde Apsis. Die Säulen haben Basen und Kapitelle, zwischen den Kapitellen und den Ansätzen für das Gewölbe fehlen jedoch die Auflageflächen, die sogenannten Kämpfer. Dadurch erscheint das Kreuzgratgewölbe aus den Kapitellen nach oben zu „wachsen" und lässt den Raum so optisch leichter und höher wirken, als er tatsächlich ist. In der Krypta sind die mit aufwändigen Reliefs geschmückten Zinnsarkophage der Zeitzer Herzöge untergebracht. Zu der mittelalterlichen Ausstattungsobjekten der Schlosskirche gehört der Taufstein, der vermutlich aus dem Kloster Posa stammt. Heute wird der Dom von der katholischen Kirchengemeinde genutzt.
Schlossstraße 7, D-06712 Zeitz; Tel. +49 (0)3441 211391; Sommer: Di–Sa: 10-17 Uhr; So: 13-17 Uhr; Winter: Di-Fr, So: 13-15 Uhr; Sa: 11-15 Uhr; Führungen sind nach Absprache auch außerhalb der Öffnungszeiten möglich; www.kath-zeitz.de

Kreuzgang des Doms St. Peter und Paul

Weitere Sehenswürdigkeiten

Kirche St. Stephan

Westlich der Altstadt wurde im Jahre 1147 ein Benediktinerinnenkloster gegründet. Um das Kloster entwickelte sich bald eine Siedlung, die später zu einer Vorstadt wurde. An der Stelle der ehemaligen Klosterkirche entstand um 1740 die Kirche St. Stephan. Sie wird heute nicht nur für Gottesdienste, sondern auch für musikalische Veranstaltungen genutzt.
Geraer Straße 8, D-06712 Zeitz; Tel.+49 (0)3441 215559; Di: 9-12 Uhr und 13-16 Uhr; Besichtigungen und Führungen nach Absprache; www.kirche-zeitz.de

Über Nacht

★★★★ Hotel Weiße Elster GbR
Albrechtstraße 37
D-06712 Zeitz
Tel. +49 (0)3441 22 68 68
info@hotel-weisse-elster.com

Kirche St. Michael

Die Stadtkirche St. Michael ist eine spätromanische Basilika, sie wurde jedoch seit dem 13. Jahrhundert mehrfach verändert.
Michaeliskirchhof 9, D-06712 Zeitz; Tel. +49 (0)3441 213681; Mo-Fr: 10-16 Uhr; Führungen nach Voranmeldung möglich; www.kirche-zeitz.de

„Das unterirdische Zeitz"

Unter den Straßen von Zeitz liegen die sogenannten „Bierlagerkatakomben". Erstaunlich sind die langen Gänge sowie die geräumigen Lagerkeller. Haben die Einwohner von Zeitz selbst so viel Bier getrunken, oder war das hier gelagerte Bier zum Verkauf bestimmt? Die Antwort bekommt man bei einer Führung durch das unterirdische Zeitz.
Altmarkt 21, 06712 Zeitz; Tel. +49 (0)3441 212722; März bis Okt.: Di, Do, Sa, So und Feiertage: 10-17 Uhr; Mi, Fr: 10-15 Uhr; Nov. bis Febr.: Di: 14-17 Uhr; Mi-Fr: 10-15 Uhr; Sa, So, Feiertage: 10-17 Uhr; www.unterirdisches-zeitz.de

Touristeninformation

Altmarkt 16
D-06712 Zeitz
Tel. +49 (0)3441 83291 oder 83292
tourismus@stadt-zeitz.de

Freyburg Heimat des Rotkäppchen-Sektes

Am Unterlauf der Unstrut, an ihrem östlichen Ufer, liegt das etwa 5.000 Einwohner zählende Freyburg. Diese alte Stadt unterscheidet sich in einem wesentlichen Punkt von anderen mittelalterlichen Städten, denn sie hat ein fast orthogonales Straßennetz. Die meisten Städte entwickeln sich hingegen um einen Platz, beispielsweise einen Marktplatz oder eine Festung, und haben daher ein Straßennetz mit beinahe kreisförmig und strahlenförmig aus der Mitte verlaufenden Straßen. In Freyburg sind die Straßen rechtwinklig zueinander angeordnet, als sei die Stadt nach dem Plan eines Architekten entstanden. Drei Vorstädte – Kirchvorstadt, Eckstädter Vorstadt und Neustadt – sind in Freyburg seit dem 16. Jahrhundert nachgewiesen. Das Flusstal beherrschend, steht die romanische Neuenburg hoch über den Weinbergen an der Unstrut.

Schloss Neuenburg thront über Stadt und Wein.

Rund um die Romanik

Schloss Neuenburg

Romanische Elemente prägen die weiträumige Anlage der Neuenburg. Die Thüringer Landgrafen, unter diesen Ludwig der Springer, ließen die Burg ab 1062 als eine ihrer Residenzen erbauen. Gleichzeitig sicherten sie damit ihren Besitz im Osten gegen Ansprüche der Bischöfe des nahen Naumburg. Um 1090 waren die Bauarbeiten wohl vollendet. Die Burg war sehr gut geschützt und nur über einen steilen Fußweg zu erreichen. Etwa um 1200 wurde die Doppelkapelle auf der Burg errichtet. Dieser Bautypus ist für die Burganlagen des Hochadels charakteristisch: Adlige nahmen im oberen Raum am Gottesdienst teil, das Gesinde hielt sich im Erdgeschoss auf. Dadurch erklärt sich der Unterschied in der Ausstattung der Räume. In der oberen Kapelle bilden vier gebündelte Säulen die Mittelstütze, die das Gewölbe trägt. Die mit Tier- und Pflanzenornamenten dekorierten Kapitelle und Friese sind von hoher Qualität. Durch eine vergitterte Öffnung im Fußboden kann man ins andere „Stockwerk" schauen. Mitte des 16. Jahrhunderts, als die Landesgrenze sich deutlich weiter im Osten befand und keine feindliche Gefahr mehr drohte, wurde die

Der Bergfried „Dicker Wilhelm" / Innenhof der Schlossanlage Neuenburg

Über Nacht

*★★★★ Berghotel
Zum Edelacker
Schloss 25
D-06632 Freyburg
Tel. +49 (0)34464 350
info@edelacker.de
www.weinberghotels.eu*

Burganlage für Herzog August von Sachsen zu einem Wohnschloss ausgebaut.
Das Schlossmuseum befindet sich in einem romanischen Bergfried, genannt „Dicker Wilhelm". Sein Durchmesser von rund 14 Metern lässt erahnen, dass er als Wohnturm errichtet wurde. Zwei Abort-Erker und ein Kamin bestätigen diese Vermutung. Wenn man diesen Bergfried mit dem „Dicken Heinrich" auf der Burg Querfurt vergleicht, wird diese Annahme zu Überzeugung. Interessant ist, dass der untere Raum überwölbt ist. Die barocke Haube mit einer Laternen-Krönung und vier Zwerchgiebeln am unteren Rand erhielt der Bergfried um 1650.

Stadtkirche St. Marien

Die spätromanische dreischiffige Kirche St. Marien entstand um 1225 auf Veranlassung des Thüringer Landgrafen Ludwig IV. und seiner Gemahlin Elisabeth, die später als heilige Elisabeth bekannt wurde.

Stadtkirche St. Marien

Der Chor der Kirche St. Marien wurde um 1400 erneuert, das Langhaus im gotischen Stil nach 1450 umgebaut. Der kreuzförmige Grundriss der Kirche blieb beim Umbau erhalten, ebenso einige Bauteile aus der romanischen Zeit. Dazu gehören der Vierungsturm, das Querschiff und die zweitürmige Westfront. Zwischen den Türmen befindet sich noch eine nach drei Seiten offene Vorhalle, die man als Paradies bezeichnet. Um zum romanischen Stufenportal zu gelangen, geht man zuerst durch diese Vorhalle. Für die Türme der Kirche St. Marien in Freyburg dienten wahrscheinlich die östlichen Türme des Naumburger Domes als Vorbild. Zur Ausstattung der Kirche gehören unter anderem ein spätgotischer Schnitzaltar und ein Taufstein aus der Zeit um 1500.

Kirchstraße 7, 06632 Freyburg; Tel. +49 (0)34464 27451; April bis Okt.: Mo-Fr: 10-12 Uhr und 14-16 Uhr; Sa, So: 14-16 Uhr; www.freyburg-info.de

Weitere Sehenswürdigkeiten

Sektkellerei Rotkäppchen

Schon von außen erkennt man, dass es sich bei der Sektkellerei Rotkäppchen um ein traditionsreiches Unternehmen handelt. Die Produktionsstätte, die Lagerhalle und das Verwaltungsgebäude wurden im 19. Jahrhundert im Stil des Historismus ausgeführt und stehen heute unter Denkmalschutz. Im fünfstöckigen Keller wird nicht nur Sekt produziert, sondern auch Kabarett gespielt. Im überdachten Lichthof finden Konzerte statt. Man kann bei einer Führung Kenntnisse über die Sektweine erwerben und natürlich mehrere Sektsorten verkosten.

Sektkellereistraße 5; D-06632 Freyburg; Tel. +49 (0)34464 340; öffentliche Führungen: tägl. 11 Uhr und 14 Uhr; Sa, So: zusätzlich 12.30 Uhr und 15.30 Uhr; www.rotkaeppchen.de

Rotkäppchen produziert Schaumweine für jeden Geschmack.

Touristeninformation

Markt 2
D-06632 Freyburg
Tel. +49 (0)34464 27260
www.freyburg-info.de

Merseburg Mittelalterliche Zaubersprüche

Bei der Dom- und Hochschulstadt Merseburg verbinden sich historische Bedeutsamkeit und Gemütlichkeit einer modernen mittelgroßen deutschen Stadt. In Merseburg liegt momentan der Knotenpunkt der Ferienstraßen: Die Touristen der Straße der Romanik treffen auf die Reisenden auf den Routen „Himmelswege", „Blaues Band" und „Gartenträume".
Rund sechs Kilometer erstreckt sich Merseburg entlang der Saale. Schon um 800 gab es im Norden dieses Landstreifens am linken Saaleufer die Altenburg, die den Flussübergang schützte. Der Name Altenburg ist heute noch für einen Stadtteil gebräuchlich.

Ansicht der Stadt Merseburg vom Saale-Ufer

Im Mittelalter war Merseburg eine der beliebtesten Pfalzen römisch-deutscher Könige und Kaiser. Von hier aus begann die Missionierung der slawischen Stämme östlich der Saale. In historischen Quellen wird berichtet, dass König Heinrich I., der Vater König Ottos I., schon 931 in Merseburg eine christliche Kirche bauen ließ. Die Zeit um die Mitte des 10. Jahrhunderts war an der Saale sowie an der Elbe sehr unruhig: Es häuften sich die Einfälle von Slawen und Ungarn. Am 10. August des Jahres 955, dem Tag des heiligen Laurentius, legte König Otto I. ein Gelöbnis ab: Sollte er in der Schlacht am Lechfeld gegen die Ungarn gewinnen, würde er als Dank für den Sieg ein Bistum in Merseburg gründen und dem heiligen Laurentius widmen. Er gewann die Schlacht und erfüllte sein Versprechen nach dreizehn Jahren. 1008 kam Thietmar von Walbeck als Bischof nach Merseburg. Zwischen 1012 und 1018 verfasste er eine achtbändige Chronik der Ereignisse von 908 bis 1018. Die in seinem *Chronikon* beschriebenen Fakten und Lebensumstände der Kaiser Otto I., Otto II. und Heinrich II. lassen das mittelalterliche Geschehen miterleben.

Außerdem gilt Merseburg als Fundstelle der allgemein bekannten Merseburger Zaubersprüche. Diese Sprüche, in althochdeutscher Sprache verfasst, wurden im Jahre 1841 vom Historiker Georg Waitz in der Bibliothek des Domkapitels entdeckt. Der erste Zauberspruch galt für die Kriegsgefangenen als Lösezauber von Fesseln, der zweite wurde als Heilungsspruch bei lahmen Pferden angewendet. Diese Zaubersprüche sind die einzigen erhaltenen germanisch-heidnischen Magieformeln; sie befinden sich als eine nachträgliche Handschrift in einem Sakramentar des 9. Jahrhunderts.

Über Nacht

★★★★ Radisson Blu Hotel
Oberaltenburg 4
D-06217 Merseburg
Tel. +49 (0)3461 45200
www.merseburg-radissonblu.com

★★★★ Ringhotel Schloss Schkopau
Am Schloss 1-5
D-06258 Schkopau
Tel. +49 (0)3461 749 0
www.schlosshotel-schkopau.de

Rund um die Romanik

Dom St. Laurentius und St. Johannes

Ein märchenhaftes Ensemble bildet der Merseburger Dom mit dem angeschlossenen Kapitelhaus und dem Schloss. Den Grundstein für die Kathedrale des Bistums Merseburg legte im Jahre 1015 Bischof Thietmar von Walbeck, später Thietmar von Merseburg genannt. Der erste Dombau war als eine typisch romanische Basilika, auf einem kreuzförmigen Grundriss errichtet. Der Dom hatte zwei Türme im Westen, beide mit quadratischem Grundriss, und zwei runde Türme im Osten zu beiden Seiten des Chores. Die östlichen Türme stellten offenbar eine Notlösung dar: Man fügte sie zur Stabilisierung der Chormauern ein, die vorher eingestürzt waren. Von der frühen Bauphase des Domes sind die dreischiffige, kreuzgratgewölbte Hallenkrypta unter dem Chor sowie Teile vom unteren südlichen Querhaus und den Westtürmen erhalten geblieben.

Merseburger Dom

Im 13. Jahrhundert entstand zwischen den beiden Westtürmen eine große Vorhalle in Form einer Basilika, die Gesamtlänge des Domes erreichte dabei rund 75 Meter. Das Portal wurde mit den Figuren der Kirchenpatrone, dem heiligen Laurentius und Johannes dem Täufer, geschmückt. Die dritte Abbildung am Portal ist die Stifterbüste Kaiser Heinrichs II., der zwischen 1002 und 1024 regierte und seit 1146 als Heiliger verehrt wird.

Sein Kennzeichen am Domportal ist ein Kirchenmodell. Unter Kaiser Heinrich II. fanden über zwanzig Hoftage in Merseburg statt.
Um 1510 wurde das Langhaus zu einer dreischiffigen Halle umgebaut, und die basilikale Vorhalle erhielt ihre schönen Netz- und Wellenrippengewölbe.
Die Ausstattung des Domes ist so umfangreich, dass die folgende Beschreibung lediglich eine kleine Auswahl darstellt. Zu den ältesten Prunkstücken gehört die bronzene Grabplatte für König Rudolf von Schwaben. Er war Gegenkönig Heinrichs IV. und fiel im Jahre 1080 in der Schlacht von Hohenmölsen. Seine Grabplatte stellt den Herrscher als eine beinahe lebensgroße Relief-Figur dar. Mehrere Details, wie beispielsweise die Gewandornamente und die Krone, waren ursprünglich vergoldet. Die Krone wurde außerdem mit einigen eingelegten Edelsteinen dekoriert, zwei runde Edelsteine befanden sich in den Augen.
Ein wahres Schmuckstück des Langhauses ist eine um 1520 entstandene Renaissance-Kanzel.
Der hochromanische Taufstein mit Propheten- und Apostelfiguren, das kunstvoll geschnitzte Chorgestühl und das Sakramentshaus sind weitere sehenswerte Objekte.
Südlich schließen sich an

Genuss-Tipp

Schlosskeller Merseburg
Brauhausstraße 17
D-06217 Merseburg
Tel. +49 (0)3461 289983
www.schlosskeller-merseburg.de

Bronzegrabplatte für König Rudolf von Schwaben

den Dom der Kreuzgang und die Stiftsgebäude des 13. Jahrhunderts an. In der Stiftsbibliothek sind die Merseburger Zaubersprüche in Kopie und die mittelalterliche kunstvoll illuminierte Merseburger Bibel ausgestellt. Die Domorgel ist über die Landesgrenzen hinaus durch ihren harmonischen Klang von 5.687 Pfeifen bekannt. Sie wurde vom Orgelbauer Friedrich Ladegast 1855 gebaut, hat aber einen barocken, mit Putten besetzten Prospekt aus früherer Zeit.
An kirchlichen Feiertagen erfreuen sich die Besucher an dem klangvollen Glockengeläut.
Das Domgeläut besteht insgesamt aus zehn Glocken.
Domplatz 7, D-06217 Merseburg; Tel. +49(0)3461 210045; März bis Okt.: Mo-Sa: 9-18 Uhr; So: 12-18 Uhr; Nov. bis Feb.: Mo-Sa: 10-16 Uhr; So: 12-16 Uhr; 24. und 31. Dezember: 9-12 Uhr; www.merseburger-dom.de

Neumarktkirche St. Thomas Cantuariensis
Am rechten Saaleufer, gegenüber vom Dom, steht die Neumarktkirche St. Thomas. Die in ihrem Kern romanische Kirche zieht heute zahlreiche Touristen an, viele von diesen kommen einzig wegen der Knotensäule an ihrem Portal hierher.
Die erste heute bekannte Erwähnung der Kirche St. Thomas stammt aus einer Urkunde Kaiser Friedrichs I. Barbarossa aus dem Jahre 1188. Als Kirchenpatron für die Neumarktkirche wählte man Thomas Becket von Canterbury, er wurde 1170 in seiner Kathedrale ermordet und drei Jahre später heiliggesprochen. Die Kirche, die seit 1323 als Stiftskirche diente, bestand aus einer dreischiffigen Basilika auf kreuzförmigem Grundriss. Sie hatte einen Westbau mit zwei Türmen. Im Inneren wechselten Pfeiler und Säulen einander ab. Im 15. Jahrhundert stürzte der südliche Turm ein, im Anschluss wurden auch noch beide Seitenschiffe beseitigt. Mehrere kostbare Ausstattungsobjekte gelangten im Laufe der Jahre in die anderen Kirchen, der Taufstein aus dieser Kirche befindet sich

Neumarkt-kirche St. Thomas Cantuariensis in Merseburg

beispielsweise im Merseburger Dom. Nach jahrelanger Fremdnutzung und Vernachlässigung wurde die Kirche restauriert und 1995 erneut geweiht. Bei der Restaurierung rekonstruierte man das südliche Seitenschiff, die Sakristei und einen der Türme. Der Fußboden wurde auf sein ursprüngliches Niveau abgesenkt, so dass den heutigen Besuchern der Eindruck eines romanischen Kirchenraums vermittelt wird.
Heute befinden sich in der Kirche moderne Werke der sakralen Kunst, unter anderem ein Mahnmal gegen Gewalt von Klaus Friedrich Messerschmidt.
Die Kirche ist eine Station des ökumenischen Pilgerwegs, der durch Sachsen, Sachsen-Anhalt und Thüringen führt. Hier können die Pilger übernachten.
Neumarkt, D-06217 Merseburg;
April bis Sept.: Di-So: 10-17 Uhr;
Okt. bis März geschlossen;
Tel. +49 (0)3461 211640;
www.kirche-merseburg.de;
Führungen der Stadtinformation:
Burgstraße 5, 06217 Merseburg;
Tel. +49 (0)3461 214170

Touristeninformation i

Burgstraße 5
D-06217 Merseburg
Tel. +49 (0)3461 214170
info@merseburg-tourist.de

Halle (Saale)
Musik im Herzen

Die neidischen Dörfler und Nachbarstädter lästern: In Halle gibt es dreierlei Menschen: Hallenser, Halloren und Hallunken. Hallenser sind die Einwohner von Halle und als Halloren bezeichnete man früher die Salinenarbeiter. Halunken, nun gut, das erklärt sich von selbst. Halunken mit zwei „l", also Hallunken, werden die zugezogenen Hallenser genannt. Durch Heirat können sie sich allerdings noch zu echten Hallensern „entwickeln".
Die Hallenser sind stolz auf ihre historische Stadt und jubeln zu Recht: „Halle… luja, Halle… luja!" Halle ist schließlich die größte Stadt des Bundeslandes Sachsen-Anhalt, mindestens doppelt so groß wie die Landeshauptstadt Magdeburg. Die meisten Hallenser können gut singen und musizieren, nicht umsonst ist auf dem Marktplatz in der Stadtmitte ein Denkmal des berühmten Komponisten Georg Friedrich Händel zu

Giebichenstein auf einer Ansichtskarte um 1900

sehen. Halle ist seine Geburtsstadt. Heute werden die musikalischen Traditionen unter anderem an der evangelischen Kirchenmusikhochschule Halle fortgesetzt. Ein weiterer Anziehungspunkt für junge Leute aus ganz Deutschland ist die Martin-Luther-Universität Halle-Wittenberg. Wenn man den Stadtplan von Halle vor Augen hat, wird die mittelalterliche Siedlungsstruktur deutlich: Die meisten Straßen führen strahlenförmig vom Marktplatz in der Stadtmitte in die Peripherie. Die einzige „Störung" dieses Straßensystems stellt die Saale dar, zu der auch der von ihr abgeleitete Mühlengraben gehört. Hier ändert sich der Verlauf der Straßen, die am Wasserlauf entlang angelegt wurden, zwangsläufig ein wenig.

Genuss-Tipp

Ausflugslokal und Restaurant Krug zum grünen Kranze
Talstraße 37
D-06108 Halle (Saale)
Tel. +49 (0)345 2998899
www.krugzumgruenenkranze.de

Restaurant Immergrün
Kleine Klausstraße 2
D-06108 Halle (Saale)
Tel. +49 (0)345 5216056
www.restaurant-immergruen.de

Rund um die Romanik

Burg Giebichenstein

Im ehemaligen nördlichen Vorort Giebichenstein, jetzt zur Stadt Halle eingemeindet, befindet sich eine interessante Burganlage, die teilweise heute noch benutzt wird. Allerdings nicht zur Verteidigung, sondern als

Giebichenstein mit dem markanten Torturm der Oberburg

Über Nacht

★★★★ Hotel Dorint Charlottenhof
Dorotheenstraße 12
D-06108 Halle (Saale)
Tel. +49 (0)345 29230
info.halle-charlottenhof@dorint.com
www.dorint.com

Architekturmuseum und Sitz der Hochschule für Kunst und Design. Die dreiteilige Burganlage besteht aus der Alten Burg, der Oberburg und der Unterburg. Von der Alten Burg sind nur geringe Reste etwas östlicher von der Oberburg vorhanden, die imposante romanische Oberburg jedoch ist ein sehenswerter Zwischenstopp auf unserer Reise auf der Straße der Romanik. Nach einem verheerenden Brand während des Dreißigjährigen Krieges wurde die Burg erheblich zerstört. Vermutlich fanden ihre Steine danach noch als Baumaterial in anderen Häusern und Mauern der Umgebung Verwendung. Doch die verbliebenen Reste der Burg sowie die von Archäologen ausgegrabenen Fundamente und Keller sind so bedeutend, dass hier das Architekturmuseum Burg Giebichensten entstand. Diese Burg war schon im 18. und 19. Jahrhundert ein Anziehungspunkt für Romantiker und Liebhaber von Burgen wie Goethe, Eichendorff und Brentano.
Die Reichsburg Giebichenstein wurde in mittelalterli-

Burg Giebichenstein, Lithographie von 1848

chen Urkunden mehrfach als Ausstellungsort genannt, weil sie zuerst dem Mauritius-Kloster Magdeburg und danach dem Erzbistum Magdeburg gehörte. Erzbischöfe von Magdeburg nutzten Giebichenstein als zeitweilige Residenz und bauten die Burg im 12. Jahrhundert aus.

Nach seinen Fundamenten zu urteilen, war der Palas im Nordteil des Burggeländes beeindruckend: Seine Breite betrug elf Meter bei einer Länge von 36 Metern. Die Bodenfläche maß also in nur einem Geschoss fast vierhundert Quadratmeter. In Giebichenstein wurden die minimale Höhe der Ringmauer mit vier Metern und die minimale Mauerstärke mit über drei Metern ermittelt. Teilweise erreichte die Mauerstärke bis zu sechs Meter. Kein Wunder, dass diese Burg im Mittelalter als Gefängnis diente. Es existierte auch ein beheizbarer Wohnturm mit quadratischem Grundriss und einer Seitenlänge von rund elf Metern. In der Mitte des Burghofs befand sich eine Kirche.

Die Unterburg entstand im 15. Jahrhundert im Stil der Gotik und diente als Residenz der Bischöfe. Auf ihrem Hof wurde 1473 das Kornhaus errichtet. Nachdem die Bischöfe 1514 endgültig auf die Moritzburg in Halle übergesiedelt waren, verfiel die Anlage der Unterburg zusehends. Erst Anfang des 18. Jahrhunderts wurden Maßnahmen zur Instandsetzung in Angriff genommen. In dieser Zeit kamen ein barocker Taubenturm und ein Herrenhaus hinzu. Für angehende Architekten ist die Burg Giebichenstein ein Muss.

Große Märkerstraße 10, D-06110 Halle (Saale); Tel. +49 (0)345 5233857; Sommer: Di-Fr: 9-18 Uhr; Sa, So: 10-18.30 Uhr; im Winter nach Witterungslage

Fundamente des mittelalterlichen Palastes auf der Burg Giebichenstein

Kirche St. Nikolaus in Böllberg

Während in der Stadt Halle die reichen Bürger ihre Kirchen umbauten und umgestalteten, blieben in einigen Dörfern die alten romanischen Kirchen unverändert oder nur gering verändert bestehen. So eine einfache Saalkirche befindet sich auch in Böllberg, heute ein Stadtteil von Halle. Die Kirche besaß einen hölzernen Glockenturm, der jedoch im 19. Jahrhundert beseitigt wurde.

Das Kirchengebäude wurde auf einem rechteckigen Grundriss aus Bruchstein errichtet. Wer die Kirchen der Straße der Romanik, beispielsweise in Wiepke, gesehen hat, wird einige Gemeinsamkeiten in der Bauweise und der schlichten Außengestaltung feststellen können. Das ist kein Zufall, denn diese Kirche wurde im 12. Jahrhundert von niederländischen Kolonisten gebaut und wie die Kirchen der Nordroute in Beuster, Sandau, Jerichow und Burg St. Nikolaus geweiht. An ihrer Nordseite sind die originalen tiefliegenden Rundbogenfenster zu sehen, an der Südseite wurden die Fenster in späterer Zeit vergrößert. Eine halbrunde Apsis schließt sich im Osten an. Das Tympanon über dem Portal an der Südseite ist romanisch. Das Schönste findet man im Kircheninneren: die Holzdecke mit kleinteiliger Schablonenmalerei in den Farben Rot, Schwarz und Grün auf weißem Untergrund.

Bölberger Weg 152, 06128 Halle (Saale);
Tel. +49 (0)345 4441491; Sommer: 15-17 Uhr;
www.stadt-marketing-halle.de

Links: Kirche St. Nikolaus in Böllberg, rechts: der romanische Taufstein

Weitere Sehenswürdigkeiten

Stadtwanderung

In der Stadtmitte am Marktplatz stehen zwei Bauwerke, die man zusammen zu einem fünftürmigen Wahrzeichen der Stadt erhoben hat: Die Rede ist von der Kirche Unser Lieben Frauen mit ihren vier Türmen und dem 84 Meter hohen Roten Turm. Vor 1530 standen am Marktplatz zwei romanische Basiliken, St. Marien und St. Gertruden. Zu jeder dieser Kirchen gehörte ein zweitürmiges Westwerk. Als die Basiliken abgerissen wurden, entstand eine neue Kirche zwischen den verbliebenen Türmen. Man bezeichnet die Turmpaare als Blaue Türme bzw. Hausmannstürme. Südöstlich vom Markt findet man die Ulrichskirche. Auch bis zur Moritzkirche am Hallorenring ist es nicht weit. Am Domplatz ist der Dom Hl. Mauritius, der als dreischiffige Hallenkirche 1283 gebaut wurde, zu bestaunen. Leider ist seine Ausstattung nicht vollständig erhalten, viele kostbare Objekte befinden sich in Mainz, München und in anderen Städten. Doch die Kanzel, die Portale, die Weihetafeln und die Apostelfiguren des 16. Jahrhunderts sind nach wie vor hier zu sehen.

Stadtführung Halle zu erfragen: Marktplatz 13, 06108 Halle (Saale); Tel. +49 (0)345 1229984; Nachtwächter-Stadtführung: April bis Sept.: Sa: 21-22.30 Uhr; Okt. bis März: 20-21.30 Uhr; Treffpunkt: Göbelbrunnen am Hallmarkt; www.nachtwaechter-halle.de

Marktplatz mit dem Roten Turm, dem Händel-Denkmal und der Marktkirche, unten: das Stadthaus Halle

Touristeninformation

Marktplatz 13
D-06108 Halle (Saale)
Tel. +49 (0)345 1229984
www.stadtmarketing-halle.de

Landsberg
Landsberger Pfähle

Nördlich von Halle führt die Straße der Romanik nach Landsberg, einer malerische Kleinstadt mit etwa 4.000 Einwohnern. Landsberg ist durch die Landsberger Pfähle bekannt geworden. Dabei handelt es sich um zwei blaue Streifen auf goldenem Hintergrund in der Heraldik, der Wappenkunde. Landsberger Pfähle sieht man in den Stadtwappen von Dresden, Chemnitz, Leipzig, Zörbig, Bad Düben und einigen anderen Städten. Dieses Wappenmotiv gehörte seit Ende des 12. Jahrhunderts dem Markgrafengeschlecht von Wettin. Seit 1663 diente Landsberg als Poststation auf den Postrouten Leipzig-Magdeburg-Hamburg und Leipzig-Köthen-Potsdam-Berlin. Die Poststation befand sich im Gasthof „Zum goldenen Löwen".
An diese Zeiten erinnert die auf dem Marktplatz in Landsberg aufgestellte Distanzsäule, die die Entfernungen zu verschiedenen Städten angibt.

Die Doppelkapelle St. Crucis war Teil der Burg Landsberg.

Rund um die Romanik

Doppelkapelle St. Crucis

Als einer der ersten Markgrafen von Landsberg wurde Ekkehard II. von Meißen in einer um das Jahr 1042 erstellten Urkunde genannt, seine Figur ist neben der seiner Gemahlin Uta im Naumburger Dom zu sehen. Er bemühte sich um die Christianisierung der slawischen Stämme in der Gegend um Landsberg. Als ein weiterer Markgraf der Ostmark tritt Konrad der Große von Wettin hervor. Er gründete ein Chorherrenstift in Landsberg und baute eine Stiftskirche an der Stelle, an der jetzt die Doppelkapelle steht. Das Stift wurde jedoch später nach Petersberg verlegt. Konrad der Große von Wettin verheiratete einen seiner Söhne und eine Tochter mit den Kindern Albrecht des Bären. Dem Beispiel von Albrecht dem Bären folgend rief er ab dem Jahre 1150 die flämischen Kolonisten in seine Gebiete, auch nach Landsberg.
Markgraf Konrad der Große von Wettin verteilte im Jahre 1156 seine Besitztümer und Ämter unter seinen fünf Söhnen, um eventuelle Streitigkeiten nach seinem Tod zu verhindern. Er ging danach als Laienbruder nach Petersberg in das von ihm gegründete Kloster und starb dort im Jahre 1157. Sein zweitältester Sohn Dietrich III. von Wettin erhielt bei der Teilung die Ostmark, zu der auch Landsberg gehörte. Er nahm an

Genuss-Tipp

Gaststätte Goldener Löwe
Lutherplatz 2
D-06188 Landsberg;
Tel. +49 (0)34602 20205

Gaststätte Ratskeller
Markt 1
D-06188 Landsberg;
Tel. +49 (0)34602 20432
www.ratskeller-landsberg.de

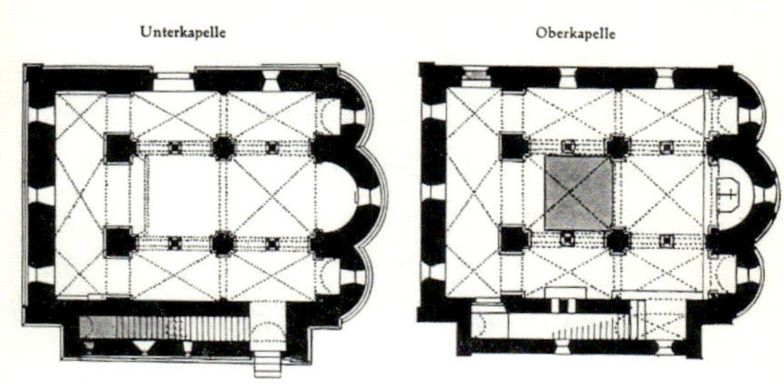

Grundrisse des Unter- und Obergeschosses der Doppelkapelle

Über Nacht

★★★ Hotel Landsberg
Florian-Geyer-Straße 4
D-06188 Landsberg
Tel. +49 (0)34602 32600
www.stadt-landsberg.de

Dietrich III. (der Bedrängte), Ausschnitt aus dem Fürstenzug zur tausendjährigen Geschichte des Hauses Wettin

einigen Hoftagen teil und begleitete Friedrich I. Barbarossa mehrfach nach Italien. Um 1160 begann Dietrich III. von Wettin, eine Kirche und eine Burg an der Stelle einer früheren slawischen Befestigung am heutigen Kapellenberg auszubauen. 1177 war er wiederholt in Rom bei der Aussöhnung Barbarossas mit Papst Alexander III. und bekam vom Papst eine marmorne Säule und einen Splitter vom Kreuz Christi als Geschenk.

Die Säule aus rötlichem Marmor, als Blutsäule bekannt, soll der Überlieferung nach am Karfreitag Blut und Wasser schwitzen. Die Blutsäule wurde in der Doppelkapelle St. Crucis im Obergeschoss verbaut und ist heute an ihrer Stelle zu bewundern. Der Kreuzsplitter war auch der Grund für den Namen St. Crucis (lat. *crux*, Kreuz), er liegt momentan leider nicht mehr in seinem Fach am Altartisch. Um zur Kapelle zu gelangen, geht man einen steilen Weg hinauf. Der etwas mühsame Aufstieg wird durch den Ausblick in die Landschaft und das Betrachten von verschiedenen Pflanzen sowie Porphyrsteinen am Wegrand erleichtert. Der Baukörper der Kapelle stellt beinahe einen Kubus dar. Das hohe barocke Walmdach hat eine Deckung aus Dachziegeln. Das rundbogige Portal an der Nordseite ist mit einem Tympanon versehen, sein verwittertes Relief lässt in der Bildmitte Christus und weitere Figuren erkennen: Es handelt sich um die Darstellung des Jüngsten Gerichts, „Christus erlöst die Väter aus der Vorhölle". Dieses Portal diente im Mittelalter den Rittern und ihren Angehörigen als Eingang, an der Südseite befand sich ein weiterer Eingang für das Volk.

Drei halbrunde Apsiden an der Ostseite deuten die sakrale Bestimmung des Bauwerks an. Fast der ganze Baukörper wurde aus Bruch- und Haustein gemauert, für die Apsiden dienten jedoch rote Backsteine als Baumaterial. Aus Backstein wurden zudem äußere Schmuckelemente wie der Blendbogen am Nordportal und die Bogenfriese sowie sämtliche Gewölbe ausgeführt.

Beim Betreten der Kapelle wird deutlich, dass die beiden Kapellenräume dreischiffig sind. Die Säulen und Pfeiler weisen einen einfachen Stützenwechsel auf, auf ihnen ruhen die Kreuzgratgewölbe. Die Unterkapelle beinhaltet noch Teile des Vorgängerbaus, der basilikalen Stiftskirche. Deshalb findet ein Baufachmann einige Unstimmigkeiten in der Ausführung, beispielsweise die unterschiedliche Stärke von Pfeilern. Die Säulenkapitelle in der Unterkapelle haben pflanzliche Ornamente, zwischen den Blättern und Ranken trifft man auch auf figürliche Darstellungen. Unter den Figurenbildern sind ein Ritter und eine Dame sowie ein Mönch und eine Nonne erkennbar. Die Oberkapelle ist über eine Treppe an der Südseite zu erreichen. Hier findet sich die Blutsäule. Alle Säulenkapitelle tragen plastisch ausgearbeitete Palmettenornamente von hoher Qualität. Der hier aufgestellte Schnitzaltar stammt aus der Zeit um 1525. Die Oberkapelle ist durch einen Raumschacht mit der Unterkapelle verbunden. Von der Oberkapelle führt ein weiterer Treppenaufgang ins zweite Obergeschoss, das bei einem Angriff auf die Burg als letzte Zuflucht diente.

Museum und Kapelle St. Crucis:
Hillerstraße 8, D-06188 Landsberg;
Tel. +49 (0)34602 20690; öffentliche Führungen: Mai bis Okt.: Sa: 15 Uhr, So: 11 Uhr und 15 Uhr,
weitere Termine nach Absprache;
www.stadt-landsberg.de;
doppelkapelle-landsberg@web.de

Touristeninformation i

Köthener Straße 2
D-06188 Landsberg
Tel. +49 (0)34602 24911
www.stadt-landsberg.de

Petersberg
Zurück zum Leben

Etwa zwölf Kilometer nördlich von Halle befindet sich der Petersberg, der früher Lauterberg hieß. An seinem südlichen Hang befindet sich der Ort Petersberg mit einer Stiftskirche aus dem 12. Jahrhundert. Das Augustiner-Chorherrenstift war im Mittelalter für die Siedlung so wichtig, dass der Ort und der Berg nach dem Schutzpatron der Kirche umbenannt wurden. Im heutigen Wappen der Gemeinde ist die Stiftskirche abgebildet. Der Ort Petersberg zählt etwa 700 Einwohner.

Rund um die Romanik

Augustiner-Stiftskirche St. Petrus

Seit 1999 ist die Stiftskirche wieder täglich geöffnet. Sie dient als Pfarrkirche der evangelischen Kirchengemeinde und als Klosterkirche der Communität Christusbruderschaft Selbitz, einem Orden der evangelisch-lutherischen Kirche Bayerns. Man kann die Kirche im Rahmen einer Führung besichtigen oder auch bei der Christusbruderschaft als Gast wohnen.

Stiftskirche St. Petrus in Petersberg

Vermutlich befand sich auf dem Petersberg im 8. Jahrhundert ein slawisches Heiligtum. Das Kloster, ein Augustiner-Chorherrenstift, wurde im Jahre 1124 von Graf Dedo IV. von Wettin gegründet. Die Stiftskirche sollte als Grablege für seine Familie dienen. Sie wurde als eine dreischiffige Basilika mit kreuzförmigem Grundriss geplant. In den Jahren 1128 bis 1137 entstand das Langhaus. Weitere Teile des Gebäudes wie der Chor und der Westbau wurden anscheinend später angebaut. Als Baumaterial diente der Porphyrstein der Berges, die Transportwege waren somit auf ein Minimum reduziert. Der mächtige Westbau ist quergestellt und hat ein Satteldach. Um 1220 wurde der Chor umgebaut. Nach der Reformation wurde das Stift aufgelöst. Im Inneren der Kirche fällt die Breite der Seitenschiffe auf: Diese sind beinahe so breit wie das Mittelschiff. Insgesamt ist das Innere auf die Instandsetzung des 16. und des 17. Jahrhunderts zurückzuführen, denn die Kirche wurde im Jahre 1562 von einem Brand zerstört. In Mitleidenschaft wurde damals auch das Kenotaph der Familie der Wettiner gezogen. Als Kenotaph bezeichnet man ein Grabmal für meistens andernorts begrabene Personen. Das Grab für zehn Mitglieder der Familie von Wettin wurde wiederhergestellt; es ist nicht auszuschließen, dass die Originalplastiken genau kopiert oder nachgeahmt wurden. Die Figuren des Grabmals sind in mittelalterlicher Kleidung abgebildet. *Bergweg 11, D-06193 Petersberg; Tel. +49 (0)34606 20409; Führungen für Gruppen nach Absprache*

Über Nacht

Klosteraufenthalt:
Bergweg 11
D-06193 Petersberg
Tel. +49 (0)34606 20409
www.christusbruderschaft.de

Genuss-Tipp

Pavillon Petersberg
Hallesche Straße 18
D-06193 Petersberg
Tel. +49 (0)34606 35710
www.pavillon-petersberg.de

Touristeninformation

Marktplatz 13
D-06108 Halle (Saale)
Tel. +49 (0)345 1229984
www.stadtmarketing-halle.de
oder www.gemeinde-petersberg.de

Bernburg (Saale) Krone Anhalts

Zwischen Magdeburg und Halle liegt die rund 35.000 Einwohner zählende Stadt Bernburg. Die heutige Kreisstadt des Salzlandkreises war früher die Hauptstadt des Teilfürstentums Anhalt-Bernburg. Von dieser Zeit zeugt das hoch über der Saale an deren östlichem Ufer gelegene weitläufige Schloss, eine mehrteilige Anlage mit Merkmalen verschiedener Baustile. Die Stadt Bernburg besteht seit mehr als tausend Jahren, und alle Ereignisse dieser langen Zeit haben auf dem Schlossgelände Spuren hinterlassen.
Die Saale bildete um das Jahr 800 eine natürliche Grenze zwischen den von Franken bzw. Slawen besiedelten Territorien an ihren Ufern. An einer Stelle, an der sich die Saale in einige Nebenarme teilt und

Bernburg: Ansicht von der Saale aus

nicht sonderlich tief ist, entstand eine Furt. Sowohl am westlichen als auch am östlichen Ufer wuchsen neben dieser Furt kleine Marktflecken und zwei Siedlungen. Auf einer Anhöhe wurde zum Schutz dieser Furt eine Burg gebaut. In einer Schenkungsurkunde von König Otto I. an das Magdeburger Moritzkloster wird 961 der Ort als *civitas dicitur brandunburg* genannt. Aufgrund von Streitigkeiten zwischen den Anhängern der Welfen und der Hohenstaufer wurde die Burg im Jahre 1138 zerstört. Um diese Zeit diente Bernburg der Gräfin Eilika, Mutter des Markgrafen Albrecht der Bär, als Witwensitz. Die Burg wurde aufgebaut und befestigt. Im Jahre 1278 bekamen die zwei Siedlungen an der Saale das Stadtrecht verliehen. Die etwas größere bezeichnete man fürderhin als Altstadt, die kleinere als Neustadt. Jede dieser Städte wurde mit einer Ringmauer mit Wachtürmen und Stadttoren umgeben.
Auf der Burg bildete die Burgkapelle einen geistlichen Anziehungspunkt, in der Altstadt die Kirche St. Marien und in der Neustadt die Kirche St. Nikolai.
In den Jahren 1540 bis 1570 wurde die Burg zu einem Schloss umfunktioniert. Dabei blieben einige Teile der mittelalterlichen Burg erhalten, darunter der Bergfried namens Eulenspiegelturm.

Rund um die Romanik

Bergfried des Schlosses Bernburg

Der Bergfried, genannt Eulenspiegelturm, mit seinen drei Meter dicken Mauern und 44 Metern Höhe, wurde im 12. Jahrhundert errichtet, wahrscheinlich wurde mit dem Bau bald nach der Zerstörung der Burg im Jahre 1138 begonnen.
Aus verschiedenen Gründen bezweifeln Wissenschaftler einen Aufenthalt Eulenspiegels in Bernburg. Doch die historischen Quellen, wie zum Beispiel ein Bericht des Fürsten Christian II. von Anhalt-Bernburg aus dem Jahre 1641, beweisen, dass der Turm bereits zum genannten Zeitpunkt als Eulenspiegelturm bekannt war.

Till Eulenspiegel, Abbildung aus der Ausgabe des „Eulenspiegel" von 1515

Über Nacht

★★★ Askania-Hotel
Breite Straße 2-3
D-06406 Bernburg
Tel. +49 (0)3471 3540
www.askania-hotel-bernburg.de

Eine bewegliche und sprechende Eulenspiegel-Figur begrüßt die Besucher des Turmes noch heute. Welche Geschichten Eulenspiegel in Bernburg erzählt, muss jeder Reisende selbst herausfinden. *Schlossstraße 24, D-06406 Bernburg; Tel. +49 (0)3471 623854; April bis Okt.: Di-So, Feiertage: 10-17 Uhr; Nov. bis März: Di-Do, Sa, So, Feiertage: 10-17 Uhr; Fr: 10-13 Uhr; www.eulenspiegelturm.de*

Kirche St. Stephan im Ortsteil Waldau
Bischof Hildegrim von Halberstadt gründete zwischen 810 und 827 insgesamt 35 Kirchen und weihte sie alle dem hl. Stephan. Es ist anzunehmen, dass eine Kirche in Waldau bereits seit dem 9. Jahrhundert existierte. Wann genau und von wem die jetzige Kirche gebaut wurde, ist allerdings nicht bekannt. Ihr Grundriss zeigt einen rechteckigen Saalbau, an den im Westen ein Turm und im Osten ein Chor mit halbrunder Apsis

Eulenspiegelturm in Bernburg

angeschlossen sind. Die Breite des quergestellten Turmes ist unwesentlich geringer als die des Langhauses. Als Baumaterial dienten Feldsteine, die minimale Mauerstärke beträgt einen Meter.
Das Untergeschoss des Turmes ist mit einer Spitztonne gewölbt. Darüber befinden sich noch zwei Glockengeschosse, die nach Osten und Westen je zwei gekuppelte, rundbogige Schallöffnungen aufweisen, sowie je eine nach Norden und Süden. Das Langhaus hat hoch sitzende, rundbogige Fenster, je drei an der Süd- und Nordseite. Das Portal befindet sich an der Südseite des Langhauses unter dem westlichen Fenster. Am Portal sind seitlich zwei Säulen angebracht, die einen Rundbogen tragen. Die Säulen stehen auf sehr hohen vierkantigen Pfosten, was für ihre nachträgliche Anbringung spricht. Die linke Säule hat einen achtkantigen Schaft, die rechte ist eine Bündelsäule. Die Kapitelle sind mit Pflanzenornamenten geschmückt, während das Tympanon unverziert ist. Als Schlussstein wurde anscheinend ein bereits verwendeter Stein eingesetzt, denn er weist Umrisse einer halben Figur auf, vermutlich vom Kruzifix. Möglicherweise ist die zweite Hälfte des Steines an einer anderen Stelle eingesetzt worden. Die unvollständige Abbildung auf dem Schlussstein wird vom Pfarrer der Kirche scherzhaft „das halbe Männchen“ genannt.

Am Weinberg, D-06406 Bernburg; April bis Sept.: Mo-Fr: 10-16 Uhr; Sa, So: 11-17 Uhr; Okt. bis März geschlossen, nach Absprache sind aber Führungen möglich; evangelisches Pfarramt: Breite Straße 81, D-06406 Bernburg; Tel. +49 (0)3471 314893; www.romanischekirchewaldau.de

Genuss-Tipp

Restaurant Alter Markt
Markt 25
D-06406 Bernburg
Tel. +49 (0)3471 353770

Restaurant Alte Mangel
Kustrenaer Straße 54
D-06406 Bernburg
Tel. +49 (0)3471 370279

Touristeninformation

Lindenplatz 9
D-06406 Bernburg
Tel. +49 (0)3471 3469311
www.bernburg.de oder
www.bernburg-tourismus.de

Nienburg
Annalista Saxo

Fünf Kilometer nördlich von Bernburg liegt die nächste Station der Straße der Romanik: Nienburg. Diese kleine Stadt ist durch einen fleißigen anonymen Geschichtsschreiber bekannt geworden. Im Kloster Nienburg schrieb er zwischen 1148 und 1152 eine bedeutende Reichschronik, die verschiedene Ereignisse von 741 bis 1142 dokumentiert. Die in Leder gebundene, empfindliche Original-Handschrift Annalista Saxo befindet sich in einem verschlossenen klimatisierten Fach in der Bibliothèque Nationale de France in Paris.

Rund um die Romanik

Ehemalige Klosterkirche St. Marien und St. Cyprian

Für das im Jahre 975 nach Nienburg verlegte Benediktinerkloster wurden die Klausurgebäude und eine Kirche gebaut. Nach einem Brand wurde ein neuer größerer Kirchenbau errichtet und 1060 wiederholt eingeweiht. Die neue Klosterkirche besaß ein dreischiffiges Langhaus, ein Querhaus, einen Chor und drei Apsiden. Unter dem Chor befand sich eine Krypta.

Blick über die Saale auf das ehemalige Benediktinerkloster und die Stadt mit Saalebrücke, Stahlstich um 1880

Auch der zweite Bau wurde durch Feuersbrünste in den Jahren 1242 und 1280 so stark beschädigt, dass man sich für einen Neubau mit Einbezug der vorhandenen Fundamente und Mauerteile entschied. Es wurde auf die romanische Krypta verzichtet, und der Fußboden des Chores konnte tiefergelegt werden. So gewann der Bau zusätzlich an Höhe. Als klösterliche hochgotische Hallenkirche bestand er bis zur Aufhebung der Benediktinerabtei im Jahre 1552. Danach gingen die Klosterbesitzungen an die Fürsten von Anhalt über. Sie ließen das Klausurgebäude Ende des 17. Jahrhunderts zu einem Schloss und die Klosterkirche zu einer barocken Hofkirche umbauen. Nach dem Aussterben der Familie Anhalt-Köthen wurde das Schloss verkauft, ein Fabrikant hatte hier eine Lebensmittelfabrik eingerichtet. In jüngster Vergangenheit wurden umfangreiche Untersuchungen zum Aufbau der Kirche durchgeführt. Dabei wurden Reste des Fußbodenbelags aus der romanischen Kirche gefunden, sie zeigen Ornamente mit geometrischen und pflanzlichen Motiven.
Goetheplatz 8, D-06429 Nienburg; April bis Okt.: Mo-Fr: 10-16 Uhr; Sa, So: 14-16 Uhr und nach Vereinbarung; Führungen nach Anmeldung bei der evangelischen Kirchengemeinde: Tel +49 (0)34721 22348; ev.kirchengemeinde.nienburg@t-online.de

Genuss-Tipp

★★★ Restaurant & Hotel Zum Löwen
Schlossstraße 27
D-06429 Nienburg
Tel. +49 (0)34721 41450
loewe-ms@t-online.de

Oben: Klostersiegel, unten: Klosterkirche St. Marien und St. Cyprian

Touristeninformation

Evangelische Kirchengemeinde St. Johannis und St. Marien
Goetheplatz 8
D-06429 Nienburg
Tel +49 (0)34721 22348
ev.kirchengemeinde.nienburg@t-online.de

Hecklingen
Einer oder zwei Orte?

Im Jahre 1995 stießen Bauarbeiter zwischen Hecklingen und Straßfurt auf zahlreiche Gräber. Bei den folgenden Ausgrabungen fanden Archäologen insgesamt mehr als 4.000 Grabstätten. Die archäologischen Funde wurden in das 11. Jahrhundert datiert. So wurde endlich der Ort Kakelingen entdeckt. Bereits im 19. und 20. Jahrhundert suchte man nach einem Ort namens Kakelingen, weil in einer Urkunde aus

Klosterkirche St. Georg und St. Pankratius

dem Jahre 944 ein Egino von Kakelingen erwähnt wurde. Außerdem weiß man von einem Alverikus von Kakelingen, dessen Sohn Bernhard ein Kloster gründete. Diesem Bernhard von Kakelingen wurde um 1075 der Grafentitel „zu Plötzkau" verliehen. Existierten also zwei verschiedene Siedlungen, Kakelingen und Hecklingen, oder geht es hier um eine Siedlung mit zwei verschiedenen Schreibweisen? In den historischen Quellen wird der Ortsname neben Kakelingen auch Chakelingen und Hakelingen geschrieben, und immerhin ähnelt letztere Schreibweise sehr der heutigen Form „Hecklingen". Bislang konnte diese Frage nicht eindeutig beantwortet werden.

Rund um die Romanik

Ehemalige Benediktinerinnenkirche St. Georg und Pankratius

Direkt in der Stadtmitte von Hecklingen befindet sich die ehemalige Benediktinerinnen-Klosterkirche St. Georg und St. Pankratius. Das Kloster in Hecklingen war eine Art „Familienunternehmen", und in der Kirche sind die aus Stuck gefertigten Köpfe von Mitgliedern dieser Familie erhalten. Von den insgesamt fünf vorhandenen Köpfen stellt einer den Grafen Helperich von Plötzkau dar, der vermutlich ein Enkel des Grafen Bernhard zu Plötzkau war. Ein weiterer Gipskopf ist der von Gräfin Adela, der Gemalin des Grafen Helperich von Plötzkau.

Der besondere kunsthistorische Wert dieser um 1170 entstandenen Kirche liegt in der Harmonie zwischen den äußeren Formen, der Gestaltung des Innenraums und den Ausstattungsobjekten. Hier findet man keine „störenden" Elemente, jedes Detail vereint die Kirche zu einem absolut stimmigen Gesamtkunstwerk. Dazu hat die Restaurierung der Kirche im 19. Jahrhundert maßgeblich beigetragen, denn alle barocken Ausstattungsobjekte wurden damals entfernt. Die Bauform entspricht dem üblichen Schema einer romanischen

Über Nacht

Gasthof Goldene Gans
Gänsefuhrt 37
D-39444 Stadt Hecklingen
Tel. +49 (0)3925 289360

Kirche: Sie hat einen kreuzförmigen Grundriss und wurde als dreischiffige Basilika errichtet. Ihr Chor ist mit einer halbrunden Apsis abgeschlossen, zwei Nebenapsiden befinden sich an den Querhausarmen. Dabei ist die Hauptapsis von außen mit einem Bogenfries optisch in zwei Geschosse unterteilt, die seitlichen sind eingeschossig. Die südliche Apsis wurde im 19. Jahrhundert wiederhergestellt, die nördliche stammt noch aus romanischer Zeit. Der Westbau der Kirche hat zwei Türme jeweils mit quadratischem Grundriss. Das Rundbogenportal befindet sich nicht zwischen den Türmen an der Westseite, sondern am nördlichen Seitenschiff. Im Kircheninneren wechseln Pfeiler und Säulen einander ab. Im südlichen Seitenschiff und im Westteil des Mittelschiffs wurde Anfang des 13. Jahrhunderts eine Empore für die Nonnen eingebaut. Diese Empore ist reich geschmückt, die Ornamente zeigen Pflanzen- und Tiermotive. Kunsthistoriker haben Ähnlichkeiten dieser Zierelemente mit dem Bauschmuck in der Stiftskirche von Königslutter festgestellt. Besonders interessant ist ein Relief unter der Empore im südlichen Seitenschiff der Hecklinger Klosterkirche: Es zeigt einen Löwen mit einem menschlichen Kopf im Maul. Vergleichbare Darstellungen finden sich in anderen europäischen Kirchen, beispielsweise im Benediktinerstift

Mittelschiff der Klosterkirche St. Georg und St. Pankratius

Admont in der Steiermark in Österreich und am Portal der Geschlechterkirche Jak in Ungarn. Diese für uns seltsame Darstellung symbolisiert Jaldabaoth, einen löwenköpfigen Gott der gnostischen Lehre, der die menschlichen Seelen am Entfliehen aus dem Körper zu hindern versucht. Es ist erstaunlich, dass die Seele nicht durch die Abbildung eines Herzens, sondern eines Kopfes angedeutet wird. Galt möglicherweise im Mittelalter der Hirntod als sicheres Todeszeichen? Manche Forscher assoziieren Jaldabaoth mit dem Gott des Alten Testaments Jahwe, dem Schöpfer der Materie. In vielen romanischen Kirchen, auch in der Benediktinerinnenkirche in Hecklingen, sind weitere Informationen aus der mittelalterlichen Zahlenmystik, Astrologie, Astronomie und Alchemie versteckt. Weder sind Form und Lage der Kirchenfenster, noch die Ornamente willkürlich gewählt. An den Langhauswänden in den Arkadenzwickeln wurden 14 aus Stuck gefertigte und bemalte Engelsfiguren angebracht. In der Kirche befinden sich die Grabdenkmäler der Familie von Trotha aus dem 16. und 17. Jahrhundert. Wer bereits Merseburg besichtigt hat, dem werden die mit Raben geschmückten Wappen der Grabdenkmäler bekannt vorkommen. Die ehemalige Benediktinerinnenkirche St. Georg und Pankratius dient heutzutage der evangelischen Kirchengemeinde und wird für Gottesdienste sowie für sommerliche Konzerte genutzt. *Hermann-Danz-Straße 52, D-39444 Stadt Hecklingen; Mo-Fr: 10-13 Uhr; Sa, So: 14-16 Uhr; Gottesdienst: sonntags um 10.30 Uhr; Führungen nach Voranfrage beim Pfarramt: Tel. +49 (0)3925 284277; www.hecklingen.de*

Genuss-Tipp

Gaststätte & Pension
Am Lödeburger See
Am Lödeburger See 4
D-39444 Stadt Hecklingen
Tel. +49 (0)39265 52414
www.am-loedeburger-see.de

Touristeninformation

Hermann-Danz-Straße 46
D-39444 Stadt Hecklingen
Tel. +49 (0)3925 92700
www.stadt-hecklingen.de

Register
Von A bis Z

Abbildungsverzeichnis

©©:

S. 9 Sailko; S. 12 Eddy1988; S. 15 l., 64, 127, 153 l., 154 l., 158, 190 Franzfoto; S. 15 o. r. PawelTomaszK; S. 15 u. r., 17 r. Chris 73; S. 16 Steffen Kakerbeck; S. 17 l. Ralf Schulze; S. 18 Avemundi; S. 20, 80 r., 96, 106 Magnus Manske; S. 21 Sir James; S. 22, 192 o. Misburg3014; S. 24, 125 Kirchenfan; S. 26 Klaus Schuppman; S. 27, 39, 90, 92 Clemensfranz; S. 32 Geisterbob; S. 36 Michail; S. 41, 235 Michail Jungierek; S. 43, 44, 68, 88, 92 u. r., 132 Olaf Meister; S. 47, 55, 57, 59, 70 Björn Gäde; S. 49, 50, 54, 58, 60 Vanellus Foto; S. 53 Rabanus Flavus; S. 61 karl-georg; S. 62 ArneGroh; S. 66 Deutsche Fotothek; S. 75, 76, 77, 81, 94, 101, 118, 119, 232 Doris Antony; S. 79 Ingo2802; S. 80 l. Varus111; S. 84 Muggmag; S. 91, 110 Schiwago; S. 92 o., 92 u. l. Frankazis81; S. 103, 120 r. Meleagros; S. 107, 108 Markus Schulenburg; S. 112-113 Lotron; S. 116 Ralf Staufenbie; S. 120 l. Daniel Jetten; S. 123 Bitbird; S. 128 Kpbeck; S. 129, 133 Christian Bickel; S. 131 Reinhard Kirchner; S. 134, 142, 145, 166, 234 Hejkal; S. 135, 136 Steffen Prößdorf; S. 138 Kassandro; S. 139, 140 Florian Hoffmann; S. 144 Mazbln; S. 148-149, 150 Thomas Wozniak; S. 149 APreussle; S. 151 Cethegus; S. 152, 155 o., 155 m. M. Hoffmann; S. 157 o., 230 Michael Sander; S. 157 u. Ruchhöft-Plau; S. 160 Brunswyk; S. 162, S. 169, 256, 258 Friedrichsen; S. 164 Stiftskirche in Frose; S. 168 Burgwaechter102; S. 170 Reise Reise; S. 173 Con2tto; S. 174 o. Thomas Guffler; S. 174 u. Dguendel; S. 175 Matthias Kuhn; S. 178 Наталия19; S. 179, 180 Dr. Volkmar Rudolf; S. 182, 183, 185, 252 M_H.DE; S. 186, 189 Frank Vincentz; S. 187 David Herrmann; S. 188 Andreas Vogel; S. 192 u. Polarlys; S. 194 anpoe3; S. 196 Andreas Tille; S. 197 u. thost; S. 201, 214 r. CTHOE; S. 207 Jwaller; S. 208 Photoglob AG, Zürich, Switzerland or Detroit Publishing Company, Detroit, Michigan; S. 210, 218 o. ChristianBier; S. 212 SnapshotsofthePast.com; S. 213 Linsengericht; S. 214 l. Necrophorus; S. 217 Dgarte; S. 218 u. Wolfgang Pehlemann; S. 221, 222 Einsamer Schütze; S. 229, 239, 241 Mewes; S. 231 SPBer; S. 237 Z thomas; S. 242 l. Markus Händel; S. 242 r. Ralf Lotys; S. 243 o. Omits; S. 243 u. Sebastian Wallroth; S. 244 Polarlys; S. 246 Stefan Kühn; S. 249 Geisler Martin; S. 250 Sarkana; S. 255 u. Joeb07.

©:

S. 11, 46, 72, 82, 105, 177, 184, 198 Investitions- und Marketinggesellschaft Sachsen-Anhalt mbH; S. 29, 31 Privatarchiv von Robert Neumann; S. 38 Hofcafe Eiszeit; S. 51 Süßmost- und Weinkelterei; S. 87 Torsten Maue; S. 211 Landesweingut Kloster Pforta GmbH; S. 224, 226 Stadt Zeitz.

Ebenfalls in dieser Serie erhältlich:

1.
Bier- und Burgenstraße
Zu Besuch bei Brauern und Rittern
ISBN: 978-3-941784-30-7
€ 14,90 (D), € 15,40 (A)

2.
Niedersächsische Spargelstraße
Eine Route für Gourmets und Naturliebhaber
ISBN: 978-3-941784-26-0
€ 14,90 (D), € 15,40 (A)

3.
Die Deutsche Märchenstraße
Sagenhaftes Land der Brüder Grimm
ISBN: 978-3-941784-31-4
€ 14,90 (D), € 15,40 (A)

4.
Weinstraße Saale-Unstrut
Im Land der Winzer und Denker
ISBN: 978-3-941784-27-7
€ 14,90 (D), € 15,40 (A)

5.
Romantische Straße
Bayerische Pracht und Noblesse
ISBN: 978-3-941784-29-1
€ 14,90 (D), € 15,40 (A)